초등학생을 위한

한국을 빛낸 100명의 위인들

한국을 빛낸 100명의 위인들

2014년 12월 15일 초판 1쇄 펴냄 · 2024년 5월 1일 초판 20쇄 펴냄

펴낸곳 꿈소담이
펴낸이 김숙희
글 장현주
그림 마이신

주소 (우)02880 서울특별시 성북구 성북로5길 12 소담빌딩 302호
전화 747-8970
팩스 747-3238
등록번호 제6-473호(2002. 9. 3)

홈페이지 www.dreamsodam.co.kr
북카페 cafe.naver.com/sodambooks
전자우편 isodam@dreamsodam.co.kr

ISBN 978-89-5689-981-7 74990

ⓒ장현주, 2014
- 책 가격은 뒤표지에 있습니다.
- 꿈소담이의 좋은 책들은 어린이와 세상을 잇는 든든한 다리입니다.
- 이 도서의 국립중앙도서관 출판예정도서목록(CIP)은 서지정보유통지원시스템 홈페이지
  (http://seoji.nl.go.kr)와 국가자료공동목록시스템(http://www.nl.go.kr/kolisnet)에서
  이용하실 수 있습니다.(CIP제어번호: CIP2018020686)

이 책에 수록된 〈한국을 빛낸 100명의 위인들〉(박문영 작사 · 작곡)의 노랫말은
(사)한국음악저작권협회의 사용 승인을 받아 수록하였습니다.
(KOMCA 승인필. 승인번호 20240416-022)

초등학생을 위한

한국을 빛낸 100명의 위인들

장현주 글 · 마이신 그림

노랫말에 담긴 우리 역사 이야기

역사 동요 〈한국을 빛낸 100명의 위인들〉이 나온 지도 벌써 25년이라는 시간이 흘렀어요. 그동안 유치원에 다니는 동생들부터 초등학생 언니, 오빠들까지 많은 친구들이 이 노래를 즐겁게 따라 불렀지요. 한때는 노래방에서 마지막에 이 노래를 부르는 것이 유행인 적도 있었을 정도이니 정말 많은 사람들에게 사랑을 받은 노래랍니다.

동요 〈한국을 빛낸 100명의 위인들〉에 대한 관심은 지금도 변함이 없어요. 유치원이나 학교에서 이 노래를 배운 친구들이 마치 리듬에 맞춰 랩을 하는 가수처럼 5절이나 되는 노래를 끝까지 부르고 난 후 뿌듯해하는 모습을 요즘도 자주 볼 수 있으니까요.

얼마 전 지하철에서도 〈한국을 빛낸 100명의 위인들〉 노랫말이 적힌 종이를 한 장씩 들고 박물관으로 체험 학습을 가는 친구들을 만났어요. 선생님께서 역사 공부에 도움이 되라며 노래를 외워 오라고 숙제를 내 주신 것 같았지요. 그런데 몇몇 친구들이 주고받는 말을 들으면서 안타까운 마음이 들었어요.

"야, 죽림칠현이 뭐냐?"

"이수일과 심순애는 독립운동한 사람들인가?"

"나도 몰라, 일단 그냥 외워!"

"야, 근데 한국을 빛낸 100명의 위인들에 세종대왕은 왜 없지?"

동요 〈한국을 빛낸 100명의 위인들〉의 장점은 노래를 부르며 자연스럽게

역사에 대해 관심을 가질 수 있다는 것이에요. 더불어 역사 속 위인들의 이름과 특징을 쉽게 기억할 수 있지요.

그런데 5절까지 되는 긴 노래를 단숨에 부르는 친구들 중 노랫말에 담긴 역사를 정확하게 알고 있는 경우는 많지 않을 거예요. 대부분 짧은 한자어로 나열되어 있는 노랫말만으로 인물에 얽힌 역사와 그 의미를 자세히 파악하기는 어렵기 때문이지요. 그래서 노랫말 뒤에 감춰진 여러 가지 역사 이야기를 노래보다 더 재미있고 정확하게 들려주고 싶다는 생각을 하게 되었어요.

지금도 많은 친구들이 즐겁게 따라 부르고 있고 학교에서도 교육 자료로 동요 〈한국을 빛낸 100명의 위인들〉을 자주 활용하고 있기 때문에 노랫말을 풀이한 책이 있다면 노래를 직접 부르는 친구들은 물론 노래를 들려주는 부모님과 선생님들께도 도움을 줄 수 있을 거라고 생각해요.

물론 〈한국을 빛낸 100명의 위인들〉 이야기만으로 길고 긴 우리나라의 역사를 모두 알 수는 없어요. 하지만 이 노랫말에 담긴 우리 역사 속 이야기들이 앞으로 다양한 방법으로 더 많은 우리 역사를 접하게 될 친구들에게 좋은 길잡이가 되어 줄 수 있을 거예요.

그럼 〈한국을 빛낸 100명의 위인들〉을 제대로 알고 즐겁게 노래하는 친구들의 모습을 기대할게요.

아이들의 노랫소리를 들으며 장현주

차례

1. 아름다운 이 땅에 금수강산에 ... 014
2. 단군 할아버지가 터 잡으시고
   홍익인간 뜻으로 나라 세우니
   대대손손 훌륭한 인물도 많아 ... 016
3. 고구려 세운 동명왕 ... 018
4. 백제 온조왕 ... 022
5. 알에서 나온 혁거세 ... 025
6. 만주 벌판 달려라 광개토대왕 ... 027
7. 신라 장군 이사부 ... 029
8. 백결 선생 떡방아 ... 032
9. 삼천 궁녀 의자왕 ... 035
10. 황산벌의 계백 맞서 싸운 관창 ... 037
11. 말 목 자른 김유신 ... 040
12. 통일 문무왕 ... 044
13. 원효대사 해골 물 ... 046
14. 혜초 천축국 ... 048
15. 바다의 왕자 장보고 ... 050

16. 발해 대조영 ... 052

17. 귀주대첩 강감찬 ... 054

18. 서희 거란족 ... 057

19. 무단정치 정중부 ... 060

20. 화포 최무선 ... 062

21. 죽림칠현 ... 064

22. 김부식 ... 066

23. 지눌국사 조계종 의천 천태종 ... 069

24. 대마도 정벌 이종무 ... 071

25. 일편단심 정몽주 ... 073

26. 목화씨는 문익점 ... 076

27. 해동공자 최충 ... 078

28. 삼국유사 일연 ... 080

29. 황금을 보기를 돌같이 하라
    최영 장군의 말씀 받들자 ... 083

30. 황희 정승 ... 086

31. 맹사성 ... 088

32. 과학 장영실 ... 090

33. 신숙주와 한명회 역사는 안다 ... 093

34. 십만양병 이율곡 ... 096

35. 주리 이퇴계 ... 098

36. 신사임당 오죽헌 ... 100

37. 잘 싸운다 곽재우 조헌 ... 102

38. 김시민 ... 104

39. 나라 구한 이순신 ... 106

40. 태정태세문단세 ... 109

41. 사육신과 생육신 ... 112

42. 몸 바쳐서 논개 ... 115

43. 행주치마 권율 ... 117

44. 번쩍번쩍 홍길동 ... 120

45. 의적 임꺽정 ... 122

46. 대쪽 같은 삼학사 ... 124

47. 어사 박문수 ... 126

48. 삼 년 공부 한석봉 ... 128

49. 단원 풍속도 ... 130

50. 방랑 시인 김삿갓 ... 132

51. 지도 김정호 ... 134

52. 영조대왕 신문고 ... 136

53. 정조 규장각 ... 138

54. 목민심서 정약용 ... 140

55. 녹두 장군 전봉준 ... 143

56. 순교 김대건 ... 146

57. 서화가무 황진이 ... 148

58. 못살겠다 홍경래 ... 150

59. 삼일천하 김옥균 ... 152

60. 안중근은 애국 이완용은 매국 ... 156

61. 별 헤는 밤 윤동주 ... 160

62. 종두 지석영 ... 162

63. 삼십삼인 손병희 ... 164

64. 만세 만세 유관순 ... 167

65. 도산 안창호 ... 170

66. 어린이날 방정환 ... 172

67. 이수일과 심순애 ... 174

68. 장군의 아들 김두한 ... 176

69. 날자꾸나 이상 ... 178

70. 황소 그림 중섭 ... 180

아름다운 이 땅에 금수강산에

'금수강산'은 '비단에 수를 놓은 것처럼 아름다운 강과 산'이라는 뜻이에요. 우리나라의 멋진 자연을 나타내는 말이기도 하지요.

비단은 옷이나 이불을 만드는 천의 종류예요. 누에나방의 애벌레는 번데기가 되기 전에 실을 토해 자기 몸을 감싸는 누에고치를 만들어요. 사람들이 이 누에고치에서 다시 실을 뽑아 만든 천이 바로 비단이에요.

예로부터 비단은 금과 맞먹을 정도로 귀한 것이었어요. 그래서 비단으로 만든 옷이나 이불은 왕이나 신분이 높은 귀족들이 주로 사용했지요.

사람들은 비단 옷과 비단 이불 위에 여러 가지 색깔의 실로 그림처럼 수를 놓기도 했어요. 알록달록 예쁜 꽃무늬나 용과 봉황처럼 신비로운 동물의 모습을 화려하게 넣기도 했지요. 그렇게 만들어진 비단 옷과 비단 이불은 누구나 한

번쯤 갖고 싶을 만큼 곱고 아름다웠어요.

여러분도 이제 우리나라를 왜 '금수강산'이라고 부르는지 알겠지요? 사계절에 따라 달라지는 우리나라의 강과 산이 마치 고운 비단 위에 알록달록 수를 놓은 것처럼 아름답기 때문이랍니다.

자, 이제부터 아름다운 자연과 더불어 오랜 역사를 간직한 우리나라에 어떤 위인들이 살았는지 만나러 가 볼까요?

금수강산 비단에 수를 놓은 것처럼 아름다운 강과 산.

錦	繡	江	山
비단 금	수를 놓다 수	강 강	산 산

위인 뛰어나고 훌륭한 사람.

偉	人
뛰어나다, 아름답다 위	사람 인

우리나라는 삼천리금수강산

우리나라를 대표하는 노래 〈애국가〉에는 '무궁화 삼천리 화려 강산'이라는 후렴구가 나온다. 우리나라를 가리켜 '삼천리금수강산'이라고도 하는데 여기서 '삼천리'는 우리나라 남쪽 끝에서 북쪽 끝까지의 거리가 대략 '3000리'라는 것에서 유래한 말이라고 한다.
역사학자이자 시인이었던 최남선은 《조선상식문답》이라는 책에서 한반도 남쪽 끝에 위치한 전라남도 해남에서 서울까지 1000리, 서울에서 함경북도 온성까지 2000리 정도가 된다고 했다.
10리를 약 4킬로미터로 보았을 때 3000리는 1200킬로미터 정도의 거리이다.

2 단군 할아버지가 터 잡으시고 홍익인간 뜻으로 나라 세우니 대대손손 훌륭한 인물도 많아

《삼국유사》라는 고려 시대 역사책에는 우리 조상의 첫 번째 나라 '고조선'에 대한 이야기가 실려 있어요.

아주 오래전, 하늘나라를 다스리는 환인의 아들 환웅은 하늘 아래 인간 세상을 직접 다스리고 싶어 했어요. '홍익인간'은 '널리 인간을 이롭게 하다.'라는 뜻으로 환인과 환웅이 인간 세상을 내려다보며 했던 생각이에요.

환인의 허락을 받은 환웅은 바람, 비, 구름을 움직이는 신들과 함께 땅으로 내려와 살게 되었지요.

그러던 어느 날, 숲속에 살고 있던 곰과 호랑이가 환웅을 찾아와 사람이 되고 싶다는 소원을 빌었어요. 환웅은 곰과 호랑이에게 쑥과 마늘을 주며 100일 동안 햇빛을 보지 않으면 사람이 될 수 있다고 말했어요.

곰과 호랑이는 환웅의 말을 믿고 동굴로 들어가 살기 시작했는데 참을성이 부족했던 호랑이는 며칠 만에 동굴 밖으로 뛰쳐나오고 말았지요. 하지만 쑥과 마늘만 먹으며 꿋꿋이 버텨 낸 곰은 환웅이 약속했던 100일보다 훨씬 빠른 21일 만에 여자로 변해 동굴 밖으로 걸어 나왔어요.

사람들은 그 모습을 보고 곰이 여자로 변했다며 '웅녀'라고 부르기도 했지요. 얼마 뒤 웅녀는 환웅과 결혼해 '단군'이라는 아들을 낳았어요. 그리고 어른이 된

단군은 인간을 널리 이롭게 한다는 '홍익인간'의 뜻을 이어 아사달에 도읍을 정하고 나라를 세웠어요. 그 나라가 바로 우리 조상의 첫 나라인 '고조선'이에요.

단군이 고조선을 세운 뒤부터 여러분이 살고 있는 지금까지 대대손손 긴 시간이 흘렀어요. 그 시간을 바로 '역사'라고 부른답니다.

홍익인간 널리 인간을 이롭게 함.

弘	益	人	間
널리, 넓다 홍	유익하다, 더하다 익	사람 인	사이 간

대대손손 시대가 내려오면서 이어지는 후손, 자손.

代	代	孫	孫
시대 대	시대 대	후손, 손자 손	후손, 손자 손

고구려 세운
동명왕

우리 조상의 첫 번째 나라였던 고조선은 오랜 세월이 흐른 뒤 중국 '한나라'의 공격을 받아 무너지고 말았어요. 그 후 우리 조상들은 다시 여러 나라를 세우며 역사를 이어 갔지요.

시간이 흘러 작은 나라들이 사라지기도 하고 합쳐지기도 하면서 '고구려, 백제, 신라'라는 세 개의 나라, 즉 '삼국'이 되었어요. 우리 역사에서 '삼국 시대'가 시작된 거예요.

삼국 중에서도 땅이 가장 넓었던 나라는 '고구려'예요. 그리고 고구려를 세운

사람이 바로 '동명왕'이랍니다. 동명왕이 고구려를 세우기 전 부여라는 나라에서 태어나 자랐을 때 이름은 '주몽'이었어요. '주몽'은 부여에서 '활을 잘 쏘는 사람'을 뜻하는 말이었다고 해요. 그러니까 '동명왕'과 '주몽'은 같은 사람이지요.

그럼 지금부터 고구려를 세운 '주몽'의 신비로운 탄생 이야기를 만나 볼까요?

아주 먼 옛날, 하늘에서 내려온 '해모수'가 물의 신인 하백의 딸 '유화'를 만나 사랑을 나누고는 다시 하늘로 떠나 버렸어요. 이 사실을 알게 된 하백은 부모의 허락 없이 결혼한 것이나 다름없다며 유화를 쫓아내 버렸지요.

유화는 '부여'라는 나라를 다스리던 '금와왕'의 도움으로 부여 궁궐에 머물게 되었어요. 그러던 어느 날, 하늘에서 내려온 햇빛이 자꾸 유화를 따라다니며 비추더니 유화의 배 속에서 아기가 자라기 시작했어요.

그런데 얼마 후 유화가 낳은 것은 놀랍게도 아기가 아니라 둥근 알이었어요. 이를 불길하게 여긴 금와왕은 동물들이 알을 먹어치우도록 당장 궁궐 밖으로 내다 버리라고 했어요.

하지만 동물들은 알을 먹기는커녕 오히려 조심스럽게 피해 가거나 보호해 주었어요. 아무리 무거운 돌로 내리쳐도 알은 절대 깨지지 않았지요. 할 수 없이 금와왕은 유화에게 다시 알을 주었고 며칠 뒤 건강한 남자 아이가 알을 깨고 태어났어요.

무럭무럭 자라난 아이는 여러 가지 뛰어난 재주를 가지게 되었는데 무엇보다 활 쏘는 솜씨가 보통이 아니었어요. 무엇이든 백발백중이었지요. 활을 잘 쏜다는 뜻을 가진 '주몽'이라는 이름도 이때 얻게 되었어요.

당시 금와왕에게는 일곱 명의 왕자가 있었는데 그들은 재주가 뛰어난 주몽이 자신들을 밀어내고 부여의 왕이 될까 봐 걱정스러웠어요. 결국 왕자들은 주몽을 없애기로 계획했어요. 이를 눈치 챈 주몽은 평소 자신을 따르는 부하들을 데리고 부여를 떠났어요. 하지만 금와왕의 첫째 아들인 대소 왕자가 병사들을 이끌고 주몽의 뒤를 쫓았지요.

그런데 한참을 달리던 주몽의 무리 앞에 커다란 강이 나타났어요. 더 이상 나아갈 수가 없게 되자 주몽은 강을 향해 큰 소리로 외쳤어요.

"나는 하늘에 살고 있는 해모수의 아들이자 물의 신 하백의 외손자이다. 우

리가 무사히 강을 건널 수 있게 하라!"

그러자 어디선가 몰려든 수많은 자라와 물고기들이 물 위로 떠올라 다리를 만들어 주었어요. 주몽의 무리가 재빨리 강을 건너자 자라와 물고기들은 금세 물속으로 사라져 버렸지요. 대소 왕자를 따돌리고 무사히 부여를 떠난 주몽은 얼마 후 졸본이라는 곳에 도착해 '고구려'를 세우고 첫 번째 왕이 되었답니다.

백발백중 백 번 쏘아 백 번 맞힌다는 뜻으로, 총이나 활을 쏠 때마다 다 맞음.

百	發	百	中
모든, 일백 **백**	쏘다, 펴내다 **발**	모든, 일백 **백**	맞히다, 가운데 **중**

건국 신화는 사실일까?

단군이 고조선을 세운 이야기나 주몽이 신비롭게 태어나 고구려를 세운 이야기처럼 어떤 나라가 처음 생겨났을 때와 관련된 옛날이야기를 '건국 신화'라고 한다.
그런데 우리나라뿐 아니라 다른 나라의 건국 신화 역시 사실이라고 믿기 힘들 만큼 신비로운 이야기로 그려지는 경우가 많다.
건국 신화는 대부분 그 나라 안에서 만들어지고 오랫동안 그 나라 후손들에게 전해 내려오는 이야기이다. 따라서 자기 나라가 더 특별하고 위대하다는 것을 나타내기 위해 나라를 세운 사람이 신비롭게 태어났다거나 신처럼 뛰어난 능력과 재주를 가진 것처럼 이야기를 꾸며 전한 것으로 볼 수 있다.

백제 온조왕

　온조는 삼국 중에서 '백제'를 세운 인물이에요. 그런데 온조는 원래 고구려의 왕자였어요. 온조가 고구려를 떠나 백제라는 새로운 나라를 세우게 된 사연은 무엇일까요?

　주몽은 부여를 떠날 때 배 속에 아기를 갖고 있던 아내 예씨 부인과 헤어지게 되었어요. 대신 아기가 태어나 자라거든 자신을 찾아오게 하라는 말과 함께 칼을 반으로 잘라 예씨 부인과 나누어 가졌어요.

　주몽이 떠난 후 예씨 부인은 '유리'라는 아들을 낳았어요. 유리는 아버지처럼 활을 잘 쏘고 재주도 많았지요. 그 무렵 주몽은 고구려를 세운 후 소서노라는 여인과 다시 결혼해 비류와 온조라는 두 명의 아들도 갖게 되었어요.

　어느 날 유리는 어머니가 준 칼 반쪽을 들고 고구려의 왕이 된 아버지를 찾아가 만났어요. 자신의 첫째 아들인 유리를 보게 된 주몽도 매우 기뻐했지요. 시간이 흘러 유리는 고구려의 다음 왕이 될 태자가 되었어요. 그러자 주몽의 둘째 아들 비류와 셋째 아들 온조는 고구려를 떠나 자신들도 새로운 나라를 세우고 스스로 왕이 되겠다고 결심했어요.

　비류와 온조는 나라를 세울 땅을 찾기 위해 무리를 이끌고 고구려 남쪽으로 길을 떠났어요. 지금의 한강 근처에 이르러 온조는 한강 남쪽에 '위례성'을 쌓고

나라를 세웠어요. 형 비류는 한강이 바다로 흘러 들어가는 '미추홀'이라는 곳에 자리를 잡았지요.

하지만 비류가 세운 나라는 땅에 소금기가 많아 농사가 잘 되지 않고 백성들이 살기에 적당하지 않았어요. 그러자 온조는 비류의 백성들까지 모두 받아들이고 '모든 백성이 따른다.'는 뜻을 가진 '백제'로 나라 이름을 고쳤어요. 백제는 온조왕 이후 31명의 왕이 나라를 다스리며 600년 넘게 역사를 이어 갔답니다.

태자 왕의 자리를 이을 아들.

太	子
크다 태	아들 자

세 번이나 수도를 옮긴 백제

수도는 그 나라에서 가장 중심이 되는 도시를 일컫는 말로 현재 대한민국의 수도는 '서울'이다.

백제는 수도를 세 번이나 옮겼다. 온조가 처음 나라를 세운 한강 남쪽에 위치한 '위례성(한성)'이 백제의 첫 번째 수도였다. 그 후 고구려의 공격을 받아 '위례성'을 빼앗기면서 '웅진'으로 수도를 옮기게 되었다. '웅진'은 현재 충청남도 '공주'에 속하는 곳이다.

백제는 '사비'로 한 번 더 수도를 옮기게 되는데 '사비'는 현재 충청남도 '부여'에 속한다. 옛날에는 주로 성을 쌓아 수도를 보호하고 그 안에 왕이 머무는 궁궐을 지었기 때문에 웅진과 사비는 각각 '웅진성', '사비성'이라고도 한다.

알에서 나온 혁거세

고구려를 세운 동명왕과 백제를 세운 온조왕 이야기는 이미 앞에서 만나 봤어요. 그렇다면 삼국 중에 나머지 한 나라인 신라를 세운 사람은 누구일까요? '혁거세'가 바로 그 주인공이에요.

아주 오래전, 지금의 경상북도 경주에 여섯 개의 마을이 있었어요. 여섯 명의 촌장이 각 마을을 한 개씩 맡아 다스렸지요. 촌장들은 하루 빨리 훌륭한 왕이 나타나 여섯 마을을 하나로 합쳐 크고 강한 나라로 만들어 주기를 바랐어요.

그러던 어느 날, '나정'이라는 우물가에 환한 빛이 나타나더니 하얀 말이 큰 소리를 내며 절을 하고 있는 것이 보였어요. 이상한 일이라고 생각한 촌장들이 우물가로 달려가자 하얀 말은 하늘로 사라져 버리고 말이 절을 하던 곳에는 커다란 알이 하나 놓여 있었어요.

얼마 후 알 속에서 우렁찬 울음소리와 함께 사내아이가 태어났지요. 촌장들은 신비롭게 태어난 그 아이를 냇가로 데려가 씻겨 주었어요. 그러자 숲속의 온갖 동물들이 춤을 추며 노래하고 해와 달은 그 어느 때보다 세상을 환하게 밝히기 시작했어요.

촌장들은 '세상을 밝게 하라.'라는 뜻을 담아 '혁거세'라고 아이의 이름을 지어 주었어요. 또한 둥근 박처럼 생긴 알에서 태어났기 때문에 아이의 성은 '박'

으로 정했어요.

　무럭무럭 자라 13세가 된 '박혁거세'는 여섯 마을을 하나로 합쳐 '서라벌'이라는 나라를 세우고 첫 번째 왕이 되었지요.

　'서라벌'은 나중에 '신라'로 나라 이름을 바꾸었어요. 박혁거세가 세운 신라는 삼국 중에서 가장 오랫동안 역사를 빛낸 나라랍니다.

만주 벌판 달려라 광개토대왕

현재 우리나라 북쪽에는 북한이 있어요. 북한과 우리나라는 오랜 역사를 함께 이어 온 하나의 나라였지만 지금은 안타깝게 둘로 갈라져 버렸어요.

지도에서 북한 땅을 따라 북쪽으로 올라가다 보면 백두산이 보일 거예요. 그리고 백두산 너머부터 시작되는 넓은 땅을 가리켜 '만주'라고 하지요. 지금은 중국에 속해 있지만 만주는 오랫동안 우리 조상들이 살았던 땅이기도 해요. 특히 고구려는 만주 벌판을 차지했던 대표적인 나라예요.

광개토대왕은 고구려의 열아홉 번째 왕으로 어렸을 때 이름은 '담덕'이었어요. 담덕은 어린 시절 직접 호랑이를 잡았을 정도로 무척 힘이 세고 용감했다고 해요.

담덕이 고구려의 왕이 되었을 때는 '영락왕'이라는 이름을 가지게 되었어요. 영락왕은 직접 군대를 이끌고 만주 벌판을 달리며 땅을 넓히고 고구려를 주변 나라 중에서 가장 강한 나라로 만들었어요.

'광개토대왕'이라는 이름은 영락왕이 죽은 후 붙여진 것으로, 예전에는 왕이 죽으면 살았을 때의 업적에 따라 다시 이름을 붙여 주었어요.

영락왕의 아들로 왕의 자리를 물려받은 장수왕은 아버지 영락왕을 기념하기 위해 높이 6m가 넘는 비석을 세우게 했어요. 그리고 그 비석에 고구려의 역사와 영락왕의 업적을 글로 새겨 넣도록 했지요. 그때 영락왕을 가리켜 '넓은 땅을 새롭게 연 위대한 왕'이라는 뜻을 가진 '광개토대왕'이라고 표현한 거예요. 지금까지도 '영락왕'은 '광개토대왕'이라는 이름으로 더 유명하답니다.

그런데 만주 벌판을 달리는 광개토대왕의 힘찬 말발굽 소리는 과연 어땠을까요?

광개토대왕 넓은 땅을 연 위대한 왕. 고구려 영락왕의 다른 이름.

廣	開	土	大	王
넓다 광	열다 개	땅, 흙 토	크다 대	임금 왕

업적 어떤 일에 큰 공을 세움.

業	績
일 업	되다, 잇다 적

신라 장군 이사부

고구려, 백제, 신라가 서로 힘을 겨루던 삼국 시대 때 현재 우리나라 동쪽 바다에 있는 울릉도라는 섬은 '우산국'이라고 불리는 작은 섬나라였어요. 그리고 울릉도 동쪽 바다에 솟아 있는 두 개의 작은 섬도 우산국에 속한 땅이었어요. 그 두 개의 작은 섬은 지금 여러분이 알고 있는 우리 땅 '독도'예요.

당시 무척 사납기로 유명했던 우산국 사람들의 항복을 받아 내고 우산국을 신라 땅으로 만든 사람이 바로 이사부 장군이지요.

그런데 이사부 장군이 단지 힘으로만 우산국을 점령한 것은 아니었어요. 이사부 장군은 우산국 사람들의 항복을 받아 내기 위해 멋진 꾀를 냈지요. 나무로 만든 수십 개의 사자 인형을 배에 나눠 싣고 우산국 가까이 다가가 이렇게 소리쳤어요.

"만약 너희들이 당장 우리 신라에게 항복하지 않으면 배에 있는 사자들을 모두 풀어 너희들을 잡아먹게 하겠다!"

우산국 사람들은 비록 멀리 보이기는 해도 날카로운 이빨을 드러낸 수십 마리의 사자들을 보고 두려움에 떨다 결국 이사부 장군에게 항복하고 말았어요. 그때부터 우산국은 신라의 일부가 되었지요. 그러니까 지금의 울릉도와 독도는 신라 때부터 우리나라에 속한 엄연한 우리 땅이에요.

그런데 이웃 나라 일본 사람들 중 일부는 독도가 일본 땅이라고 억지 주장을 하고 있어요. 이렇게 사실과 다르게 역사를 해석하는 것을 가리켜 '역사 왜곡'이라고 해요. 최근에는 일본 학생들이 배우는 몇몇 역사 교과서에도 그런 내용을 실어 문제가 되고 있지요.

여러분은 일본 사람들의 이런 역사 왜곡에 대해 어떻게 생각하나요?

항복	상대편의 힘에 눌려 굴복함.

降	伏
내리다, 떨어지다 **항**	엎드리다 **복**

왜곡	사실과 다르게 해석하거나 잘못되게 함.

歪	曲
비뚤다, 바르지 않다 **왜**	굽다, 맞지 않다 **곡**

'독도'는 홀로 외로운 섬?

현재 우리가 부르고 있는 '독도'라는 이름은 한자 '獨(혼자 독)'과 '島(섬 도)'로 되어 있다. 한자를 그대로 풀이하면 '독도'는 '혼자 있는 섬'이 된다. 하지만 독도는 '바위로만 되어 있는 섬'이라는 뜻으로 우리말 '돌섬', 한자어로는 '석도(石島)'라고 불렸던 섬이다. 나중에 '돌섬'의 '돌'을 사투리인 '독'으로 바꿔 부르는 사람들이 늘면서 '독섬' 또는 '독도'로 부르기도 했다. 그 후 섬 이름을 한자로 기록할 때 '독'이라는 소리를 가진 한자 중에서 가장 흔한 것을 붙이면서 '혼자 독(獨)'이 사용된 것이다.

ⓒTOPIC IMAGE

따라서 '독도'는 한자 뜻처럼 사람이 살지 않는 외로운 섬이 아니라 오랜 세월 모진 바람과 파도를 견뎌 내고 꿋꿋이 우리 바다를 지킨 튼튼한 바위섬이다.

백결 선생 떡방아

백결 선생은 《삼국사기》라는 역사책에 등장하는 신라의 유명한 거문고 연주가예요. 옷을 백 번이나 다시 기워 입을 정도로 가난하다고 해서 사람들이 '백결 선생'이라 불렀다고 해요.

백결 선생은 평생 거문고를 연주하는 일 이외에는 관심이 없었어요. 그러다 보니 돈을 벌지 못해 새로 옷을 마련할 수 없어 옷이 낡아 구멍이 나도 여러 번 기워 입어야 했어요. 먹을 것도 부족해 밥을 먹는 날보다 굶는 날이 더 많았어요. 그나마 백결 선생의 부인이 남의 집 바느질을 도와 겨우 살아갈 정도였지요. 하지만 백결 선생은 세상의 모든 걱정을 잊은 듯 손에서 거문고를 놓지 않았어요.

새해가 밝아 오던 어느 날이었어요. 즐거운 설날을 맞이하려는 마을 사람들은 아침부터 이리저리 바쁘게 움직였어요. 떡을 만들기 위한 떡방아 소리도 집집마다 끊이지 않았지요. 하지만 백결 선생의 부인은 가난한 살림에 쌀로 떡을 만드는 일은 꿈도 꾸지 못했어요. 담 넘어 들려오는 이웃집의 떡방아 소리에 한숨만 깊게 내쉴 뿐이었어요.

"아이구, 내 팔자야. 설날이 되었는데도 떡은커녕 쌀 한 톨 구경하기가 힘드니 또 일 년을 어떻게 살아간담."

아내의 걱정스러운 소리를 들은 백결 선생은 그 즉시 거문고로 떡방아 찧는 소리를 흉내 내며 연주를 하기 시작했어요. 아내를 위로하기 위해 자신이 해 줄 수 있는 일은 거문고 연주밖에 없다고 생각했던 거지요. 이때 백결 선생이 연주한 음악은 '방아노래'라는 이름으로 사람들에게 알려졌지만 지금은 남아 있지 않답니다.

백결 백 번이나 옷을 기워 입음.

百	結
백 **백**	단단히 하다, 완성하다 **결**

거문고와 가야금은 어떻게 달라요?

'거문고'와 '가야금'은 우리나라의 대표적인 현악기다. '현악기'는 기타나 바이올린처럼 줄을 이용해 소리를 내는 악기를 말한다. 거문고는 고구려, 가야금은 가야에서 처음 만들어졌다는 기록이 있다.

거문고는 6줄로 되어 있는데 가느다란 막대기인 술대로 줄을 튕겨 연주를 한다. 가야금은 12줄로 되어 있고 손가락으로 직접 줄을 뜯어 연주를 한다. 또한 거문고는 주로 무겁고 힘찬 느낌의 소리를, 가야금은 가늘고 맑은 느낌의 소리를 내는 특징을 갖고 있다.

거문고   가야금

ⓒe 뮤지엄

삼천 궁녀
의자왕

고구려, 백제, 신라 세 나라 중에서 가장 먼저 역사 속으로 사라진 나라는 백제예요. 그리고 백제의 마지막 왕이 바로 '의자왕'이지요.

의자왕은 신라의 여러 성을 공격해 차지할 만큼 백제를 강하게 이끌었어요. 그러자 다급해진 신라는 중국 당나라와 손을 잡기로 했어요. 이렇게 신라와 당나라가 힘을 합쳐 공격하자 백제는 수도였던 사비성을 빼앗기고 결국 무너지고 말았지요.

'삼천 궁녀'란 '궁궐에서 일하는 삼천 명의 여자'를 뜻하는 말이에요. 왕과 왕비 등 왕족을 모시며 궁궐 안에서 여러 가지 일을 맡아 하는 여자들을 '궁녀'라고 하지요.

그런데 백제가 망할 때 의자왕을 모시던 삼천 명의 백제 궁녀들이 강물에 몸을 던져 스스로 목숨을 끊었다는 이야기가 전해지고 있어요. 백제의 멸망과 관련해 의자왕과 삼천 궁녀를 함께 떠올리는 이유도 바로 이 때문이지요. 또한 의자왕이 나라를 돌보기보다는 궁녀를 수천 명이나 거느릴 정도로 사치스러웠기 때문에 결국 백제가 망한 것이라고 생각하는 사람들도 있어요.

그런데 백제보다 훨씬 나중에 생겨나고 더 발전했던 조선 시대에도 궁녀의 수가 약 600명 정도였다고 하니 백제에 삼천 명이나 되는 궁녀들이 있었다는 것은 매우 과장된 내용이에요. 그러니 백제가 망하자 삼천 명이나 되는 궁녀들이 스스로 목숨을 끊었다는 것은 역사적 사실이 아니라 전해지는 이야기일 뿐이지요.

또한 의자왕이 매우 사치스러운 생활을 즐겼다는 내용도 전쟁에서 승리하고 백제를 무너뜨린 신라 입장에서 기록한 역사이기 때문에 의자왕의 진짜 모습이라고 확신하기는 어렵답니다.

그렇다면 의자왕은 실제 어떤 왕이었을까요? 타임머신이 있다면 과거로 돌아가 직접 확인해 볼 수 있을 텐데 말이죠.

궁녀 궁궐 안에서 왕과 왕비 등을 모시던 여자들을 통틀어 말함.

宮	女
궁궐 궁	여자 녀

사치 지나치게 많은 돈이나 물건을 쓰며 생활함.

奢	侈
낭비하다, 뽐내다 사	많다, 넓다 치

황산벌의 계백 맞서 싸운 관창

황산벌은 삼국 시대 때 백제와 신라의 치열한 전투가 있었던 넓은 들판의 옛 이름이에요. 지금의 충청남도 논산에 해당하는 곳이지요.

'삼천 궁녀 의자왕'에서 신라가 중국의 당나라와 손을 잡고 결국 백제를 무너뜨렸다고 했지요? 그때 김유신 장군이 이끄는 5만 명의 신라군이 먼저 백제 땅으로 들어갔어요. 그러자 백제 의자왕은 계백 장군에게 5천 명의 병사로 신라의 공격을 막고 나라에 충성을 바치라고 했어요.

하지만 아무리 용감하고 충성심이 강한 계백 장군이라도 10배가 넘는 신라 병사들과 싸워 이기는 것은 장담할 수 없었어요. 그래서였을까요? 계백 장군은 전쟁터로 떠나기 전 가슴 아픈 결심을 해야 했어요.

'만약 우리가 전쟁에서 지게 되면 내 가족들은 신라로 끌려가 고통을 당할 것이 불 보듯 뻔하다. 그럴 바에는 차라리 내 손으로 가족들을 저 세상으로 보내는 것이 낫다!'

결국 계백 장군은 자기 손으로 가족들의 목을 베고 전쟁터로 나갔어요. 계백 장군이 이끈 백제 병사들은 황산벌에서 신라군과 네 차례 맞붙어 모두 이겼어요.

그러자 신라의 김유신 장군은 마음이 다급해졌어요. 그때 사기가 떨어진 신라 병사들을 놀라게 하는 일이 일어났어요. 이제 16세밖에 안 된 화랑 '관창'이

용감하게 나선 것이었어요.

'화랑'은 신라 귀족 집안의 어린 남자들이 모인 단체로 화랑에 속한 소년들은 나라에 충성을 다짐하며 함께 공부도 하고 전쟁 훈련도 받았어요. 관창은 신라 귀족이었던 아버지를 따라 다른 화랑들과 함께 황산벌 전투에 참여하고 있었지요.

"신라 군인의 힘과 용기를 내가 반드시 보여 주고 말겠어!"

관창은 홀로 말을 타고 백제 병사들이 모여 있는 곳으로 단숨에 달려갔어요. 백제 병사들은 곧바로 관창을 붙잡아 계백 장군 앞에 끌고 갔어요. 계백 장군은 나이가 어리다는 이유로 관창을 억지로 말에 태워 되돌려 보냈어요.

자존심이 상한 관창은 이를 악물고 다시 한 번 창을 들고 백제 병사들을 향해 당당히 달려갔어요. 하지만 이번에는 무사하지 못했지요.

계백 장군은 관창을 죽이라고 명령한 후 죽은 관창의 몸을 말에 실어 신라 군인들이 모여 있는 곳으로 보냈어요. 죽어서 돌아온 관창의 모습을 본 신라 병사들은 머리끝까지 화가 났어요.

"관창의 죽음을 잊지 말자! 신라의 힘과 용기를 보여 주자!"

신라군은 백제를 향해 모든 공격을 퍼부었고 더 이상 버티지 못한 백제 병사들은 결국 크게 지고 말았어요. 계백 장군 역시 황산벌 전투에서 죽음을 피할 수 없었지요. 그리고 얼마 뒤 백제는 수도였던 사비성을 빼앗긴 뒤 나라가 망했답니다.

그런데 여러분은 당시 황산벌 전투에 나가기 전 어쩔 수 없이 가족을 직접 죽이기로 한 계백 장군의 결정에 대해 어떻게 생각하는지 궁금하네요.

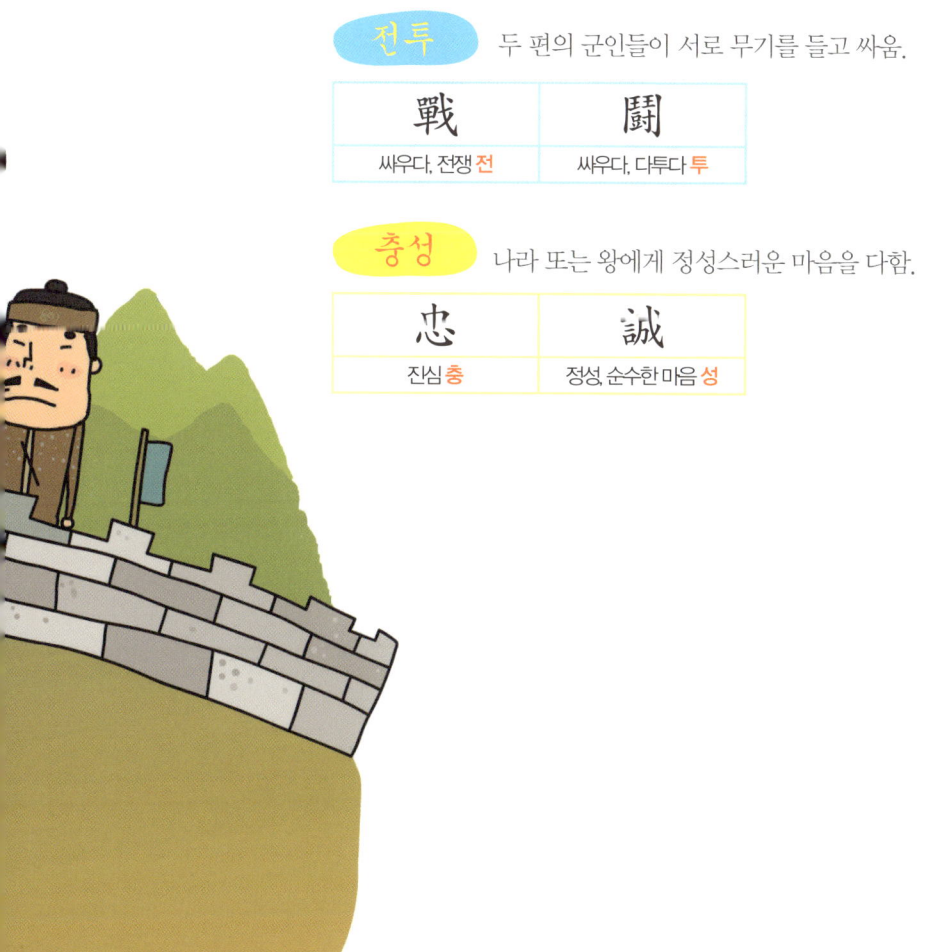

전투 두 편의 군인들이 서로 무기를 들고 싸움.

戰	鬪
싸우다, 전쟁 전	싸우다, 다투다 투

충성 나라 또는 왕에게 정성스러운 마음을 다함.

忠	誠
진심 충	정성, 순수한 마음 성

말 목 자른
김유신

김유신은 백제와 고구려를 무너뜨리는 데 큰 역할을 한 신라의 유명한 장군이에요. 그런데 김유신의 집안은 원래 가야라는 나라의 왕족이었지요.

가야는 삼국 시대 때 지금의 낙동강 근처에 있던 나라로 고구려, 백제, 신라와 함께 우리 조상이 세운 나라 중 하나예요. 가야는 다른 나라처럼 왕을 중심으로 이루어진 하나의 나라가 아니라 금관가야, 대가야 등 여섯 개로 나뉜 나라였어요.

여섯 개의 가야는 서로 연합한 형태로 나라를 유지하며 독특한 문화를 이루기도 했지요. 하지만 다른 세 나라만큼 강한 힘을 가지지 못했던 가야는 결국 신라에게 정복을 당하고 말았어요.

김유신의 증조할아버지는 금관가야의 마지막 왕이었어요. 금관가야가 신라로 넘어간 뒤 김유신의 할아버지와 아버지는 신라 장군으로 활약하기도 했어요. 그리고 김유신의 아버지가 신라 왕족이었던 만명 부인과 결혼해 김유신을 낳았지요.

그런데 김유신은 젊었을 때 친구들과 자주 어울려 술을 마시거나 노는 것을 좋아했어요. 그러던 중 신분이 낮은 '천관녀'라는 여인도 사귀게 되었어요. 하지만 김유신의 어머니는 자기 아들이 신분이 낮은 천관녀와 만나는 것을 매우 못마땅하게 생각했지요.

하루는 어머니가 김유신을 불러다 놓고 불같이 화를 내며 꾸짖었어요.

"너는 어찌 하루 빨리 크게 성공해 우리 집안을 빛낼 생각은 아니 하고 술이나 마시고 여인과 노는 것을 더 즐기느냐!"

김유신은 어머니의 꾸짖음을 듣고 깊이 반성했어요. 그리고 친구들과 어울려 술도 마시지 않고 천관녀도 만나지 않겠다고 굳게 다짐했지요.

며칠 후, 김유신이 말을 타고 집으로 가는 길이었어요. 그날따라 몹시 피곤했던 김유신은 말 위에서 깜빡 잠이 들었어요. 한참을 가던 말이 멈추자 잠에서 깨어난 김유신은 깜짝 놀라고 말았어요. 김유신이 잠든 사이에 그를 태운 말이 도착해야 할 집이 아니라 그동안 자주 찾아 왔던 천관녀의 집 앞에 그를 데리고 왔기 때문이에요.

김유신은 잠시 망설였지만 얼마 전 어머니 앞에서 했던 다짐을 떠올렸어요. 그리고 다시는 이런 일이 일어나지 않도록 하기 위해 그 자리에서 자신이 매우 아끼던 말의 목을 단칼에 베어 버렸지요.

이처럼 자신에게 매우 엄격했던 김유신은 훗날 신라를 대표하는 장군이 되었답니다.

연합 둘 이상의 단체나 나라를 합하여 만든 하나의 조직.

聯	合
잇다, 연결하다 **연**	합하다, 만나다 **합**

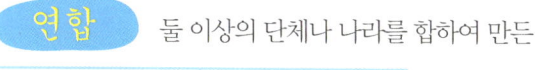 기운차게 뜀. 활발히 활동함.

活	躍
살다, 살리다 **활**	뛰다, 달리다 **약**

'가야' 건국 신화는 어떤 이야기일까?

옛날 낙동강 주변에 아직 나라를 이루지 못한 사람들이 아홉 명의 촌장 밑에서 살고 있었다.
어느 날, '구지'라는 산봉우리에서
"하늘에서 왕을 내려 줄 테니 산봉우리에 올라 춤과 노래로 맞이하라."
라는 목소리가 들려왔다.
하루빨리 훌륭한 왕이 나타나기를 바랐던 아홉 촌장은 목소리가 시키는 대로
"거북아, 거북아, 머리를 내어라. 그렇지 않으면 구워 먹겠다."
라는 노래를 부르며 춤을 추었다.
그러자 곧 하늘에서 자주색 줄에 매달린 금빛 상자가 붉은 보자기에 싸인 채 내려왔다.
그리고 금빛 상자 속에는 황금 알 여섯 개가 나란히 놓여 있었다.
며칠 후 황금알 속에서 차례대로 남자 아기들이 태어났는데
이들이 자라 각각 여섯 가야를 세우고 왕이 되었다.
그중 가장 먼저 나온 아이가 금관가야를 세운 수로왕이다.

통일
문무왕

고구려, 백제, 신라 세 나라의 전쟁은 신라가 삼국 통일을 이루면서 끝이 났어요. 먼저 660년에 백제가 멸망을 했고 8년 뒤인 668년, 고구려가 무너졌지요. 당시 신라의 통일을 완성한 사람이 바로 문무왕이에요.

그런데 신라가 백제와 고구려를 무너뜨린 것은 혼자 힘으로 이루어 낸 것이 아니라 중국 당나라와 힘을 합친 결과였어요. 당나라는 오래전부터 고구려를 차지하려고 애를 썼지만 고구려는 결코 쉬운 상대가 아니었어요. 당나라는 백제와 고구려가 무너지고 나면 고구려 땅을 모두 차지하려는 생각에 신라와 손을 잡기로 한 거예요.

하지만 막상 백제와 고구려가 망하자 당나라는 더 큰 욕심을 부리기 시작했어요. 당나라는 무너진 백제와 고구려 땅에 신하와 군인들을 보내 직접 그곳을 다스릴 준비를 했어요. 심지어 신라 문무왕을 이웃 나라 왕이 아닌 당나라의 신하처럼 대하기도 했지요.

당나라의 무리한 욕심에 화가 난 문무왕은 옛 백제 땅에 머물고 있던 당나라 군인들을 몰아내기로 했어요. 한때 손을 잡았던 신라와 당나라는 결국 여러 차례 전쟁을 하는 사이가 되었지요.

그 결과 비록 옛 고구려 땅 대부분을 당나라에게 내주게 되었지만 대동강 남쪽은 신라가 온전히 지켜 낼 수 있었어요.

676년, 모든 전쟁이 끝나자 문무왕은 칼이나 창 같은 전쟁 무기를 녹인 쇳물로 다시 농기구를 만들어 백성들에게 나누어 주도록 했어요. 오랜 전쟁으로 힘들었던 백성들이 다시 평화롭게 농사를 지을 수 있도록 말이에요.

 나누어진 것들을 하나로 합침. 하나의 나라가 됨.

統	一
큰줄기 **통**	하나 **일**

문무왕의 무덤은 바닷속에?

삼국 통일을 완성한 문무왕의 무덤은 육지가 아니라 바다에 있는 것으로 알려져 있다. 문무왕은 죽이시 신라의 동해를 지키는 용이 되고 싶다는 소망을 담아 자기가 죽거든 바다에서 장례를 지내라는 말을 남겼다. 문무왕이 죽자 신라 사람들은 문무왕의 유언에 따라 바다에서 왕의 장례를 치렀다고 한다.

경주 근처 바다에 가면 지금도 가까운 바다 위로 울퉁불퉁 솟아 있는 넓적한 바위를 볼 수 있는데 이곳이 바로 문무왕의 무덤으로 알려진 '경주 문무대왕릉'이다. 이곳의 바위는 '대왕암'으로 불리기도 한다.

©TOPIC IMAGE

원효대사 해골 물

　원효는 신라의 승려예요. 승려는 불교를 깊이 공부하고 다른 사람들에게 불교의 가르침을 전하는 사람들이지요. 원효는 특히 훌륭한 승려로 인정받아 '큰 스승'이라는 뜻을 붙여 '원효대사'라고 불렸지요.

　신라가 삼국을 통일하기 위해 한창 애쓰던 때 원효는 의상이라는 승려와 함께 불교 공부를 위해 중국 당나라로 길을 떠났어요. 하루는 숲속을 지날 때 밤이 깊어지는 바람에 두 사람은 근처의 작은 동굴에서 밤을 지내기로 했어요. 동굴 속은 불빛 하나 없이 깜깜했지만 날이 밝을 때까지 지내기는 안성맞춤이었지요. 원효는 어둠 속에서 우연히 둥근 바가지에 들어 있는 물을 만지고는 단숨에 들이키며 생각했어요.

　'아! 정말 달고 시원하구나! 이렇게 시원한 물을 마시니 피곤함이 싹 달아나는 것 같군!'

　다음 날 아침, 잠에서 깬 원효는 주변을 살펴보다가 깜짝 놀라고 말았어요. 동굴이라고 생각했던 곳은 오래전 버려진 무덤이었고 자신이 달게 마신 물은 깨진 해골에 고여 있던 썩은 물이었던 거예요. 그 물을 보자 원효는 갑자기 구역질이 날 것 같았어요.

　하지만 원효는 곧 큰 깨달음을 얻게 되었어요.

'어제는 꿀처럼 달게만 느껴졌던 물이 오늘은 왜 보기만 해도 구역질이 나는 걸까? 달라진 것은 물이 아니라 바로 내 마음이구나! 맞아! 모든 것은 내 마음 속에 있었던 거야!'

자신의 경험을 통해 '모든 것은 마음먹기에 달려 있다.'라는 깨달음을 얻은 원효는 당나라로 가지 않고 신라에 머물며 많은 사람들에게 자신의 깨달음을 알리고 불교를 전하는 데 힘을 쏟았다고 해요.

불교 석가모니의 가르침을 따르는 종교.

佛	敎
부처 불	종교, 가르침 교

대사 큰 스승. 승려를 높여 부르는 말.

大	師
크다 대	스승, 뛰어난 사람 사

혜초
천축국

　혜초는 원효와 더불어 신라를 대표하는 승려 중 한 사람이에요.

　불교는 인도에서 발생한 종교로 우리가 흔히 부처님이라고 부르는 석가모니를 믿고 따르는 종교예요.

　우리나라는 아주 오래전에 불교가 전해졌어요. 인도에서 중국으로 퍼진 불교는 삼국 시대 때 고구려, 백제, 신라로 전해진 후 왕부터 백성까지 모두 믿는 종교가 되었지요.

　혜초는 중국 당나라에 머물며 인도에서 온 승려에게 직접 불교의 가르침을 받았다고 해요. 그리고 부처가 태어난 나라 '인도'와 그 주변 나라를 4년 동안 두루 여행하고 돌아와 《왕오천축국전》이라는 제목으로 기록을 남겼어요.

　'천축국'은 옛날 중국 사람들이 불교가 시작된 나라인 인도를 가리키던 말이에요. 그리고 인도를 다시 동·서·남·북과 가운데 지역으로 나누있는데 이 다섯 지역을 묶어 '오천축국'이라고 했지요. 손오공과 저팔계, 사오정이 등장하는 유명한 중국의 이야기책 《서유기》도 주인공들이 승려인 삼장법사와 함께 불교의 가르침이 기록된 책을 구하기 위해 천축국으로 모험을 떠나는 줄거리예요.

　《왕오천축국전》은 아쉽게 지금은 그 일부만 남아 전해지고 있지만 당시 인도와 주변 나라의 종교와 생활, 문화 등을 엿볼 수 있는 매우 소중한 자료랍니다.

 **왕오천축국전** 다섯 곳의 천축국(인도의 옛 이름)에 다녀온 것을 전하는 기록.

往	五	天	竺	國	傳
가다 왕	다섯 오	하늘 천	나라이름 축	나라 국	전하다, 펴다 전

바다의 왕자 장보고

장보고는 신라가 삼국을 통일한 후 100년쯤 지난 다음 태어난 사람이에요. 장보고의 어렸을 때 이름은 궁복 또는 궁파로 알려져 있는데 당시 신분이 낮은 사람들은 '김', '이', '박' 같은 성 없이 그냥 이름만 가졌다고 해요.

어린 시절부터 헤엄을 잘 치고 말타기와 창을 다루는 솜씨가 뛰어났던 궁복은 나이가 들자 중국 당나라로 건너가 군인이 되었어요. 당나라에서 뛰어난 능력을 인정받은 그는 궁복 대신 '장보고'라는 이름으로 알려지게 되었지요.

그런데 어느 날부터인가 해적들에게 강제로 붙잡혀 중국으로 팔려 온 신라 사람들이 장보고의 눈에 자주 띄었어요. 고통받는 신라 사람들을 보며 마음이 아팠던 장보고는 신라로 돌아와 흥덕왕을 찾아갔어요.

"제가 책임지고 해적으로부터 신라의 남쪽 바다를 지키겠습니다! 대신 저에게 군인들을 다스릴 수 있는 힘을 주십시오!"

장보고는 왕의 허락으로 지금의 전라남도 '완도'라는 섬에 1만 명이나 되는 군인을 모아 '청해진'이라는 해군 부대를 만들었어요.

청해진의 대장이 된 장보고는 약속대로 신라를 위협하는 해적을 몰아냈어요. 또한 일본과 중국을 오가는 신라 배들을 보호해 주거나 직접 배에 물건을 싣고 다른 나라와 장사를 하여 큰돈을 벌기도 했지요.

　강한 힘과 많은 재산을 갖게 된 장보고는 '바다의 왕자' 또는 '해상왕'이라는 이름으로 지금까지 역사에 남게 되었답니다.

　보잘것없는 신분으로 태어난 장보고가 '바다의 왕자'로 변신할 수 있었던 이유는 과연 무엇이었을까요?

해적　배를 타고 다니면서 다른 배나 바닷가 마을을 공격해 돈이나 물건을 빼앗는 도둑.

海	賊
바다**해**	도둑**적**

해상왕　바다 위의 왕. 장보고의 별명.

海	上	王
바다**해**	위**상**	임금, 왕**왕**

발해
대조영

'발해'는 신라와 당나라의 연합 공격으로 고구려가 무너진 지 30년이 지난 698년, 고구려 유민들에 의해 옛 고구려 땅에 다시 세워진 나라예요. 그때 발해를 세운 사람이 바로 '대조영'이지요.

고구려가 망한 뒤 당나라는 고구려 땅을 차지하고 강제로 고구려 유민들을 당나라로 옮겨 살게 했어요. 고구려 유민들이 힘을 모아 무너진 나라를 다시 일으켜 세우는 것을 막기 위해서였지요.

당나라의 걱정대로 고구려 장군이었던 걸걸중상은 옛 고구려 사람들은 물론 당시 당나라의 지배를 함께 받고 있던 말갈족 사람들까지 힘을 모으기 시작했어요. 하지만 당나라의 방해로 걸걸중상은 고구려를 다시 일으키겠다는 꿈을 이루지 못하고 죽고 말았지요.

그 후 걸걸중상의 아들인 대조영이 다시 고구려 유민들과 말갈족을 이끌고 당나라를 벗어나 동쪽으로 이동했어요. 그리고 여러 차례 싸움 끝에 결국 당나라 군대를 따돌리고 옛 고구려 영토에서 다시 나라를 세웠어요.

대조영이 처음 나라를 세울 때는 이름이 '진'이었는데 나중에 '발해'로 바꾸었다고 해요. 대조영은 발해의 첫 번째 왕이 되어 20년 동안 나라를 다스렸지요.

그 후로도 발해는 200년 동안이나 통일 신라 위쪽 옛 고구려의 넓은 땅을 차지하며 '해동성국'이라 불릴 만큼 강한 나라로 발전했어요. 이렇게 발해는 자랑스러운 우리의 역사 중 한 장면을 빛낸 나라였답니다.

유민 망해 없어진 나라의 백성.

遺	民
잃다 유	백성 민

해동성국 바다 동쪽의 힘이 센 나라. 중국이 발해를 부르던 명칭.

海	東	盛	國
바다 해	동쪽 동	기운이나 힘이 세다 성	나라 국

귀주대첩
강감찬

고구려와 백제를 무너뜨리고 1000년 가까이 나라를 이어 온 통일 신라는 다시 세 나라로 갈라져 싸움을 하게 되었어요. 신라 안에서 '후백제'와 '후고구려'가 세워지면서 '후삼국 시대'가 된 거예요.

그중 후고구려에서 다시 이름을 바꾼 '고려'가 신라의 항복을 받아 내고 후백제와의 전쟁에서 승리한 후 936년, 다시 나라를 통일했어요. 이때부터 우리 역사에서 '고려 시대'가 시작되었지요.

고려는 중국 땅에 살고 있던 거란족, 여진족, 몽골족 등 다른 민족의 침략을 여러 차례 받았어요. 그중 거란족이 세운 요나라는 세 번이나 고려를 공격했지요. 강감찬은 1018년 흥화진 전투와 1019년 귀주대첩에서 요나라를 크게 물리치고 고려를 지켜 낸 장군이에요.

당시 요나라 장수 소배압은 10만 명이나 되는 군인들을 이끌고 고려의 수도였던 개경을 공격하려고 했어요. 하지만 강감찬 장군이 이끄는 고려 군인들은 '흥화진 전투'에서 요나라에 큰 피해를 입혔어요. 소배압은 남은 군인들로 개경을 공격하게 했지만 고려의 강한 저항 때문에 싸움이 길어졌어요. 추운 날씨에 먹을 것까지 부족해지자 요나라 군인들이 불리한 입장이 되었지요.

소배압은 결국 공격을 포기하기로 결정했어요. 하지만 강감찬 장군은 자기

기록화: 귀주대첩 ©e-뮤지엄

나라로 되돌아가는 요나라 군인들을 귀주에서 크게 물리쳤어요. 이때 요나라 군대 쪽으로 바람이 불면서 고려 군인들이 쏜 화살이 더 빠르고 멀리 날아갈 수 있었다고 해요. 요나라 장수 소배압이 강을 건너 도망치기 위해 무기와 갑옷까지 벗어 던질 정도였다고 하니 강감찬 장군이 귀주에서 얼마나 크게 승리했는지 알 수 있겠지요?

후삼국 나중의 세 나라. 우리나라 역사에서 신라, 후백제, 후고구려를 통틀어 가리킴.

後	三	國
뒤, 나중 후	셋 삼	나라 국

대첩 크게 이김.

大	捷
크다 대	이기다 첩

55

소가죽을 이용해 승리한 흥화진 전투

강감찬 장군이 이끈 고려 군인들이 요나라 군대에 맞서 육지에서 크게 승리한 귀주대첩과 달리 '흥화진 전투'는 물가에서 벌어진 싸움으로 유명하다.

요나라 군인들은 개경으로 가기 위해 큰 냇물을 건너야 했는데 강감찬 장군은 미리 밧줄로 소가죽을 꿰어 냇물 위쪽에서 흐르는 물을 막아 놓고 기다렸다. 소가죽에 막힌 물살은 쉽게 건널 수 있을 정도로만 흘렀다. 요나라 군인들이 원래 물이 얕은 줄 알고 안심하며 물을 건너기 시작할 때 고려 군인들은 잡고 있던 소가죽을 동시에 풀어 놓았다. 그러자 막아 놓았던 냇물이 한꺼번에 아래로 쏟아지며 요나라 군인들을 휩쓸었고 그 틈을 노려 고려 군인들은 거센 공격을 퍼부었다.

개경으로 향하는 요나라 군대를 완전히 막아내지는 못했지만 흥화진 전투는 기발한 작전으로 적을 위험에 빠뜨린 것으로 유명하다.

서희
거란족

고려는 나라가 세워질 무렵부터 중국의 여러 민족 중 특히 거란족이 세운 요나라와 사이가 좋지 않았어요.

고려의 첫 번째 왕이었던 왕건은 요나라가 선물로 보내 준 낙타 50마리를 모두 굶겨 죽이라고 명령을 내릴 정도였어요. 반면 고려는 요나라의 남쪽에 있던 중국 송나라와는 사이가 좋았어요.

요나라는 송나라를 공격해 중국을 넓게 차지하고 싶었지만 전쟁 때 고려가 송나라를 도와줄까 봐 걱정이었어요. 결국 요나라는 먼저 고려를 혼내 주어야겠다 생각했어요.

장수 소손녕이 이끄는 요나라 군대가 고려를 공격하기 위해 나섰어요. 그리고 고려 북쪽 땅의 일부를 내놓으라고 요구했어요. 그렇지 않으면 고려를 힘으로 누르겠다며 으름장을 놓았지요.

미처 전쟁 대비를 하지 못한 고려의 왕과 신하들은 요나라의 요구를 들어줄 수밖에 없다고 생각했어요. 하지만 다른 주장을 하는 신하가 있었어요.

"아니 되옵니다. 요나라의 요구대로 땅을 내주기 시작하면 우리 고려를 무시하고 결국에는 나라 전체를 집어삼키려 들 것이옵니다! 제가 사신 자격으로 요나라 장수 소손녕을 만나 문제를 해결해 보도록 하겠사옵니다!"

바로 고려의 신하 서희였어요. 서희는 요나라가 진짜로 원하는 것이 무엇인지 잘 알고 있었어요. 요나라는 송나라와 고려의 관계가 완전히 끊어지기를 바랐어요. 그래야 송나라와 전쟁을 할 때 고려가 송나라를 돕지 않을 거라고 생각했거든요. 그런 속셈을 잘 파악하고 있던 서희는 요나라 장수 소손녕을 만나 전쟁 대신 협상을 시도했어요.

협상 결과는 무엇이었을까요? 고려의 북쪽 땅을 요나라에 내주는 것이 아니라 오히려 두 나라 사이에 있던 압록강 동쪽 땅의 일부를 요나라가 고려에게 내주기로 했어요. 물론 요나라의 바람대로 고려가 송나라와의 관계를 끊는 것도 약속해 주었지요.

여러분은 '펜이 칼보다 강하다.'라는 말을 알고 있나요? 때로는 지식과 지혜가 총이나 칼 같은 무기보다 더 큰 힘을 발휘할 수 있다는 말이에요. 말 몇 마디로 적의 침입을 막아 낸 서희의 지혜로운 판단과 당당함이 바로 고려를 지켜 낸 힘이었답니다.

사신 왕이나 나라의 명령을 받아 다른 나라로 가는 신하.

使	臣
시키다 사	신하 신

협상 어떤 문제를 해결하기 위해 서로 생각을 나눔.

協	商
합하다 협	헤아리다, 생각하다 상

고려를 세 번이나 침략한 거란족(요나라)

서희의 활약으로 993년, 거란의 첫 번째 침략은 고려의 큰 피해 없이 끝이 났다. 하지만 고려가 다시 송나라와 친하게 지내자 이를 괘씸히 여긴 거란은 두 번째 고려 침략에 나섰다. 거란 군대가 고려의 수도였던 개경까지 이르게 되자 당시 고려 왕이었던 성종은 다시 송나라를 멀리하고 거란 왕을 직접 찾아가 인사를 하겠다는 약속을 하여 거란 군대를 되돌려 보냈다. 하지만 또 약속이 지켜지지 않자 거란은 세 번째로 고려를 침략했다. 이때 강감찬 장군이 이끄는 고려 군대가 흥화진과 귀주에서 거란 군대를 크게 물리쳤고, 거란은 더 이상 고려를 침략하지 않았다.

이후 고려는 다른 민족의 침략을 막기 위해 북쪽 국경 근처에 '천리장성'을 쌓았다.

무단정치
정중부

'무단정치'는 총이나 칼 같은 무기를 내세워 힘으로 나라를 다스리는 것이에요. 정중부는 100년 동안이나 이어진 고려의 무단정치를 시작한 무신 대장이지요.

왕이 나라의 중심이었던 시대에는 왕이 여러 신하들의 의견을 모아 나라를 다스렸어요. 왕을 도와 나라를 다스리던 신하들은 크게 문신과 무신으로 나눌 수 있어요.

문신은 주로 '과거'라는 시험을 통과해 관리가 된 사람들이에요. 물론 아버지가 높은 귀족일 경우 그 아들은 과거 시험을 보지 않고 관리가 되기도 했어요. 무신은 요즘으로 말하면 나라를 지키는 군인들이에요. 전쟁에 나가 승리를 했거나 평소 무술 솜씨가 뛰어난 사람을 주로 무신으로 뽑았지요.

그런데 언제부턴가 문신 위주로 고려의 정치가 이루어지기 시작했어요. 특히 조상 때부터 높은 신분을 유지해 온 귀족 집안의 문신들 중 일부는 제멋대로 행동하는 경우도 있었지요. 그들은 왕을 도와 나랏일을 돌볼 책임을 가지고 있는 신하이면서도 백성들보다 자기 집안이 잘되는 것만 중요하게 여겼어요. 게다가 같은 신하였던 무신들을 얕보며 차별하기도 했어요. 전해지는 이야기에 따르면 당시 김부식의 아들인 김돈중이라는 문신은 촛불을 켜는 척하며 무신 대장이었던 정중부의 수염을 태워 버린 일도 있었다고 해요.

이런 차별과 무시를 참다못한 정중부와 여러 무신들은 1170년, 자신들이 지휘하는 군인들을 앞세워 나라를 어지럽혔다는 이유로 문신들을 몰아내고 힘을 차지했어요. 이때부터 고려의 무단정치가 시작된 거예요.

그렇다면 정중부는 고려의 새로운 왕이 되었을까요? 굳이 그럴 필요가 없었어요. 왕을 대신해 신분이 높은 무신들끼리 모든 나랏일을 결정했으니까요. 고려의 왕은 왕족 집안에서 그대로 잇도록 했지만 왕이 마음에 들지 않으면 언제든지 다른 왕으로 바꾸어 버렸어요. 왕은 마치 허수아비처럼 힘이 없었지요.

그런데 나라를 바로잡겠다던 무신들의 무단정치는 고려 백성들의 생활을 전보다 더 좋게 바꾸지 못했어요. 나라의 힘을 차지한 무신들끼리 더 큰 힘을 갖기 위해 서로 눈치를 보고 싸우느라 백성들의 생활은 신경 쓸 겨를이 없었거든요. 그렇게 고려 무신들의 무단정치는 100년 동안이나 이어졌답니다.

무단정치 무기를 들고 힘을 앞세워 나라를 다스림.

武	斷	政	治
무기, 군인 **무**	끊다, 결단하다 **단**	나라를 다스리다 **정**	다스리다, 관리하다 **치**

무신 주로 뛰어난 무술 실력으로 뽑힌 무과 출신의 신하.

武	臣
무기, 군인 **무**	신하, 신하가 되어 섬기다 **신**

문신 주로 과거 시험으로 뽑힌 문과 출신의 신하.

文	臣
글, 책, 학문 **문**	신하, 신하가 되어 섬기다 **신**

화포
최무선

최무선은 고려의 군인이자 우리나라 최초로 화약을 만들어 낸 발명가예요. 고려 말기, 바다 건너 일본 해적인 왜구는 틈만 나면 고려로 건너와 곡식을 훔쳐 가기도 하고 고려 사람들을 해치기도 했어요.

"아, 화약으로 무기만 만들 수 있다면 왜구를 물리치는 것은 식은 죽 먹기일 텐데. 하지만 우리 고려에서는 이를 잘 알고 있는 사람이 없으니 답답하구나."

최무선은 화약과 화포의 힘을 그 누구보다 잘 알고 있었어요. 하지만 당시 화약은 중국에서만 만들 수 있는 기술이었지요.

최무선은 틈만 나면 장사를 하느라 고려에 머물고 있는 중국 사람들을 찾아가 화약 만드는 법을 물어보고 하나라도 더 배우려고 애를 썼어요. 가끔은 화약과 화포 만드는 기술을 직접 배우기 위해 중국으로 건너가 여기저기를 찾아다니기도 했어요. 이런 노력 끝에 최무선은 드디어 스스로 화약을 만들 수 있다는 자신감이 생겼어요.

그러자 고려 우왕은 1377년, 최무선에게 화약과 화포 개발을 담당하는 곳인 '화통도감'을 설치하도록 허락해 주었어요. 최무선은 화통도감에서 열다섯 가지가 넘는 화약 무기를 만들어 내 사람들을 깜짝 놀라게 했지요.

얼마 후, 왜구가 탄 배 300여 척이 전라도를 침략했다는 소식이 들려왔어요. 최무선은 곧바로 달려가 여러 척의 배에 자신이 직접 개발한 화포를 싣고 바다로 나아갔어요. 그리고 왜구가 탄 배가 몰려 있는 곳을 향해 화포를 발사하도록 했지요. 그 결과 왜구를 크게 물리칠 수 있었어요.

그 뒤로 왜구의 침략은 눈에 띄게 줄어들었고 바닷가에 살던 고려 백성들은 안심할 수 있었답니다.

말기 정해진 기간이나 일의 끝이 되는 때나 시기.

末	期
끝 말	때, 기간 기

화포 화약의 힘으로 탄환을 쏘는 무기.

火	砲
불, 타다 화	대포 포

대장군포 ©e-뮤지엄

죽림칠현

'죽림칠현'은 '대나무 숲에서 자연과 더불어 지낸 일곱 명의 선비'를 가리키는 말이에요. 원래 죽림칠현으로 불린 사람들은 중국 위나라의 선비들이지요.

중국이 위나라에서 진나라로 바뀌던 무렵 사마씨라는 사람이 힘을 가지고 마음대로 나라를 다스리자 이들 일곱 명의 선비들은 정치에 등을 돌리고 대나무 숲에 들어가 거문고 연주를 즐기고 시로 여러 가지 대화를 주고받으며 생활했다고 해요. 이처럼 때로는 나랏일과 정치에 아예 관심을 두지 않는 것이 오히려 자신들의 생각을 더 잘 표현하는 것이라고 생각하는 사람들도 있었어요.

그런데 〈한국을 빛낸 100명의 위인들〉에 나오는 죽림칠현은 고려 시대 일곱 명의 선비를 가리키는 말이에요. 고려의 문신이자 대표적인 시인으로 꼽히는 이인로와 함께 오세재, 임춘, 조통, 황보항, 함순, 이담지가 바로 그 주인공들이에요. 이들 일곱 명의 고려 선비들을 보고 당시 사람들이 중국의 죽림칠현에 빗대어 '고려의 죽림칠현'이라고 부르기도 했지요.

'무단정치 정중부'에서 고려 무신들이 힘으로 나라를 다스리기 시작한 이야기를 들어 알고 있지요? 무신들의 무단정치가 길어지자 이번에는 여러 문신들과 학자들이 불만을 가지기 시작했어요. 하지만 힘으로 무신들에게 맞설 수는 없었어요.

당시 고려의 죽림칠현으로 불린 일곱 선비들도 애써 높은 벼슬을 얻으려 노력

하기보다는 오히려 다른 사람들 눈치를 보지 않고 언제든 일곱 명이 함께 모여 시나 문장을 짓고 우정을 나누는 생활을 더 즐겼다고 해요.

그런데 죽림칠현의 이와 같은 생활은 당시 무신들의 무단정치에 대한 불만을 표현하기 위한 것이었다고 여기는 사람들도 있답니다.

 대나무 숲의 일곱 선비.

竹	林	七	賢
대나무 죽	숲 림	일곱 칠	어진 사람, 재주가 뛰어나고 행동이 바른 사람 현

김부식

　〈한국을 빛낸 100명의 위인들〉 노래 가사에는 '김부식'이라는 이름 석 자만 나와 있지만 역사적으로 김부식이라는 이름을 이야기할 때 항상 따라다니는 것이 하나 있지요. 바로 1145년, 김부식이 쓴 《삼국사기》라는 역사책이에요.

　고려 시대 역사학자이자 문신이었던 김부식은 신하의 자리에서 물러난 후 당시 고려의 열일곱 번째 왕이었던 인종의 명령에 따라 고려 이전의 우리나라 역사를 기록하기 시작했어요. 신라, 고구려, 백제의 역사를 다룬 《삼국사기》가 바로 그때 나온 책이지요.

　김부식은 그동안 전해진 역사책의 부족한 점을 보충해 주는 꼼꼼한 역사 기록이 필요하다고 생각했어요. 또한 《삼국사기》를 통해 고려 이전의 세 나라의 역사에 대해서 자세히 알리는 것은 물론 여러 가지 교훈을 후세에 남기고자 했어요.

　또한 김부식은 《삼국사기》에서 당시 세 나라 여러 왕들의 잘한 점과 잘못한 점, 충성스러운 신하와 그렇지 못한 신하 등을 예로 들며 나라를 다스리는 왕과 신하의 올바른 역할에 대해 강조했지요.

　《삼국사기》는 현재까지 전해 내려온 우리나라 역사책 중에서 가장 오래된 것으로 신라, 고구려, 백제가 생겨나고 발전해 오다가 멸망에 이르는 과정을 기록하고 있어 삼국 시대를 연구하는 데 중요한 자료이기도 해요.

《삼국사기》와 비슷한 제목의 역사책으로 《삼국유사》가 있어요. 《삼국유사》에 대한 이야기는 '삼국유사 일연'에서 다시 만나볼 수 있답니다.

삼국사기 고구려, 백제, 신라의 역사를 기록한 책.

三	國	史	記
셋 **삼**	나라 **국**	역사 **사**	기록하다, 쓰다 **기**

후세 다음 세대의 사람들.

後	世
뒤 **후**	세상, 때 **세**

삼국사기 ⓒ국립중앙박물관

《삼국사기》 속 이야기 '지혜로운 선덕여왕'

신라 제27대 왕은 '선덕여왕'이다. '선덕여왕'의 어렸을 때 이름은 '덕만'으로, 아들이 없었던 진평왕의 뒤를 이어 신라 최초의 여왕이 되었다.

선덕여왕은 어려서부터 매우 지혜롭고 총명했다. 선덕여왕이 공주였을 때 중국 당나라에서 신라 왕실에 모란꽃 그림과 꽃씨를 함께 보내왔다. 모란은 당시 신라에 없던 꽃이라 아무도 이에 대해서 잘 알지 못했다.

덕만 공주는 그림을 자세히 보고 난 후 이렇게 말했다.
"이 꽃은 보기에는 아름답지만 향기가 없을 것입니다."
진평왕이 그 이유를 묻자 덕만 공주가 대답했다.

"꽃에 향기가 있으면 벌과 나비가 따르는 게 당연한데 이 그림에는 아름다운 꽃만 그려져 있을 뿐 그 주변에 벌과 나비를 한 마리도 그리지 않았습니다. 그래서 이 꽃은 향기가 없을 것이라고 생각했습니다."

꽃씨를 심고 난 후 꽃이 피고 보니 과연 덕만 공주의 말대로 그 꽃은 향기가 없었다고 한다.

모란도
ⓒ한국저작권위원회 공유마당

지눌국사 조계종
의천 천태종

지눌과 의천은 모두 고려 시대 승려예요. 지눌은 '보조국사', 의천은 '대각국사'라고도 불리는데 '국사'는 '나라와 왕의 스승'이라는 뜻으로 지혜롭고 존경받는 승려에게 나라에서 내려 주는 이름이었어요. 고려는 우리 역사에서 그 어느 때보다 불교를 매우 중요하게 여기던 때였어요. 따라서 훌륭한 승려들은 백성들에게 큰 존경을 받기도 했지요.

지눌은 8세 때 승려가 된 후 25세 때 승려들만 볼 수 있는 과거 시험인 '승과'에 합격했어요. 고려 시대 승과 시험에 합격한 승려들은 문신이나 무신처럼 높은 자리에 오를 수 있었지요.

지눌보다 약 100년 먼저 태어난 의천은 고려의 열한 번째 왕이었던 문종의 넷째 아들이었어요. 의천은 11세 때 왕자 신분을 버리고 승려가 되었을 정도로 불교에 대한 믿음이 깊었다고 해요.

인도에서 시작된 불교는 오랜 시간이 흐르면서 여러 나라로 퍼져 나갔어요. 우리나라에도 불교를 더 깊이 공부하거나 깨달음을 얻기 위해 오랫동안 노력하는 사람들이 많이 있었지요.

그런데 같은 불교 안에서도 무엇을 더 중요하게 여기는지에 따라 조금씩 다른 생각을 가지고 있었어요.

조계종과 천태종은 고려 불교를 이끈 두 가지 큰 갈래를 가리키는 말이에요. 불교에 대한 오랜 공부와 깨달음을 바탕으로 의천이 먼저 천태종을, 나중에 지눌은 조계종을 새롭게 발전시켰어요.

조계종과 천태종은 지금까지도 우리나라 불교의 큰 흐름으로 이어지고 있답니다.

국사 지혜와 덕이 높아 나라의 스승이 될 만한 승려에게 내린 호칭.

國	師
나라 **국**	스승, 훌륭한 선생님, 스승으로 삼다 **사**

승과 고려와 조선 시대 때 승려들이 보는 과거 시험.

僧	科
승려, 중 **승**	과목, 과거 시험 **과**

대마도 정벌
이종무

우리나라와 가까운 일본은 여러 섬으로 이루어진 섬나라예요. 대마도는 일본의 여러 섬 중 하나의 이름이지요. 대마도는 일본 말로 '쓰시마'라고 해요. 대마도는 우리나라에서 가장 가까운 일본 땅이에요. 부산에서 배를 타고 1시간 정도만 가면 대마도에 도착할 수 있으니까요.

지금은 우리나라 사람들이 대마도로 여행을 가기도 하지만 고려 시대와 그 뒤를 이은 조선 시대만 해도 대마도는 우리에게 골칫거리 섬이었어요. 대마도 해적들이 우리나라 바닷가 마을로 몰래 배를 타고 건너와 식량과 여러 가지 물건을 빼앗아 가거나 사람들을 해치는 일이 자주 있었거든요.

이종무는 고려 말기에 태어나 조선 시대 때 활약한 장군이에요. 어려서부터 활쏘기와 말타기 실력이 뛰어났던 그는 고려 장군이었던 아버지와 함께 강원도를 침략한 왜구를 무찌르고 그 능력을 인정받아 무신이 되었어요. 이종무는 조선으로 나라가 바뀐 뒤에도 여러 차례 왜구의 공격을 막아 냈어요.

　세종이 왕이 된 첫 해였던 1419년, 이종무는 왕의 명령을 받아 200여 척이 넘는 배를 이끌고 대마도를 공격해 크게 승리하고 돌아왔어요. 당시 대마도를 다스리던 일본 관리는 조선에 항복을 전하면서 평화로운 관계를 약속했어요. 이종무가 대마도를 정벌한 후 그곳에 머물던 왜구는 더 이상 조선을 쉽게 넘볼 수 없게 되었답니다.

 적 또는 죄가 있는 무리를 힘으로 물리침.

征	伐
치다, 자기 것으로 만들다 **정**	치다, 베다 **벌**

우리나라 잠수함 이름에 담긴 의미는?

'잠수함'은 무기를 싣고 물속을 다니면서 전투를 하는 커다란 배를 말한다.

우리나라에는 현재 14척의 잠수함이 있는 것으로 알려져 있다. 우리나라 최초의 잠수함 이름은 〈장보고함〉이다. 그 뒤 〈최무선함〉, 〈이종무함〉, 〈이순신함〉 등 바다 건너 외적으로부터 우리나라를 지키기 위해 앞장섰던 위인들의 이름을 잠수함에 붙였다. 그 뒤로는 〈김좌진함〉, 〈안중근함〉 등 일본이 우리나라를 강제로 점령했을 때 활약한 독립운동가들의 이름을 붙이고 있다.

일편단심 정몽주

정몽주는 고려가 기울어져 갈 무렵, 끝까지 고려를 지키려고 했던 신하예요. '일편단심'이라는 말은 '한 조각 붉은 마음'이라는 뜻으로, 사랑하는 사람에 대한 믿음이나 왕에 대한 신하의 충성심이 영원히 변치 않는 경우를 말하지요. 정몽주는 우리 역사에서 일편단심을 간직한 충신의 대표로 꼽히는 사람이에요.

고려의 뒤를 이어 세워진 나라가 바로 조선이에요. 1392년, 새로운 나라 조선을 세우고 첫 번째 왕이 된 이성계는 원래 외적을 여러 차례 물리치며 큰 공을 세운 고려의 유명한 장군이었어요.

그런데 이성계는 고려의 왕과 그 옆을 지키고 있는 신하들이 더 이상 나라를 발전시킬 능력이 없다고 판단해 고려를 대신할 새로운 나라를 세우려고 했지요. 하지만 고려의 신하로 평소 존경하며 따르는 사람들이 많았던 정몽주는 이성계가 새로운 나라를 세우는 일에 반대했어요.

이성계는 정몽주처럼 현명하고 충성스러운 신하가 곁에 있어 주기를 바랐지만 정몽주는 끝까지 이성계의 편이 되어 주지 않았어요. 오히려 사람들을 모아 이성계를 반대하는 일에 앞장섰지요. 결국 이성계의 아들인 이방원은 자신의 아버지를 반대하는 정몽주를 더 이상 살려둘 수 없다고 판단해 부하들을 시켜 그를 죽였어요.

정몽주의 죽음으로 자신을 반대했던 사람들이 힘을 잃자 이성계는 더 빨리 새 나라 조선을 세울 수 있게 되었어요. 그리고 정몽주를 죽게 한 이성계의 아들 이방원은 나중에 조선의 세 번째 왕 '태종'이 되었답니다.

일편단심 한 조각의 붉은 마음. 진심으로 변하지 않는 마음.

一	片	丹	心
하나 일	조각 편	붉은 단	마음 심

충신 왕과 나라를 위해 충성을 다하는 신하.

忠	臣
충성, 진심 충	신하 신

이방원은 정몽주의 일편단심을 어떻게 알았을까?

어느 날, 이성계가 말에서 떨어져 다쳤다는 소식을 듣고 정몽주가 병문안을 갔다. 병문안을 핑계로 이성계의 상태를 확인하기 위한 것이었다. 하지만 이성계는 그리 크게 다치지 않았다. 정몽주가 실망스러운 마음으로 병문안을 마치고 집으로 돌아오려 하는데 이성계의 아들인 이방원이 그를 불렀다. 이방원은 정몽주와 마주 앉아 이런 시조를 읊어 자신의 뜻을 내비쳤다.

이런들 어떠하며 저런들 어떠하리
만수산 드렁칡이 얽혀진들 어떠하리
우리도 이같이 얽혀 백 년까지 누리리라
-하여가

이방원이 지은 시조에는 '고려든 새 나라든 상관하지 말고 우리 뜻을 합쳐 잘 살아 보자.'라는 의미가 담겨 있었다. 이에 정몽주 역시 시조로 자신의 생각을 답했다.

이 몸이 죽고 죽어 일백 번 고쳐 죽어
백골이 진토되어 넋이라도 있고 없고
임 향한 일편단심이야 가실 줄이 있으랴
-단심가

정몽주는 시조로 '고려를 향한 나의 충성심은 내가 죽더라도 변함이 없을 것이다.'라는 자신의 뜻을 전한 것이었다. 이방원은 정몽주가 끝까지 자신의 아버지인 이성계에게 협조하지 않을 것임을 확신하고 결국 부하들을 보내 개성 선죽교 위에서 정몽주를 죽였다. 당시 정몽주가 피를 흘리며 쓰러진 곳으로 알려진 개성의 선죽교 위에는 그때 흘린 정몽주의 핏자국이 지워지지 않고 지금도 남아 있다는 이야기가 전해 내려오고 있다.

목화씨는 문익점

고려 시대까지 대부분의 백성들은 '삼'이라는 식물에서 뽑아낸 실로 만든 베옷을 사계절 내내 입고 생활했어요. 베옷은 여름에는 바람이 잘 통해 시원했지만 추운 겨울을 보내기에는 너무 얇았어요.

고려의 신하였던 문익점은 사신으로 중국 원나라에 다녀오는 길에 목화라는 식물의 씨앗을 가지고 왔어요. 목화 열매가 자라면 솜털이 나오는데 그 솜에서 뽑아낸 실로 짠 면옷은 베옷에 비해 훨씬 따뜻했어요. 그리고 목화솜을 뭉쳐 옷이나 이불 속에 넣으면 매서운 바람과 추위도 막을 수 있었지요.

문익점은 평소 농사에 관심이 많았던 장인어른 정천익과 함께 중국에서 가지고 온 목화씨를 심었어요. 하지만 중국과 다른 고려의 날씨와 흙에서는 목화의 싹이 쉽게 나오지 않았어요. 두 사람은 포기하지 않고 목화씨를 심고 또 심었어요. 결국 3년 동안의 끈질긴 노력 끝에 고려에서도 많은 양의 목화를 기르는 데 성공했어요.

조선의 왕이었던 세종은 문익점을 가리켜 '백성들을 잘살게 만든 신하'라는 뜻을 가진 '부민후'라고 부르며 칭찬하기도 했대요.

그런데 당시 문익점이 목화씨를 고려로 가지고 올 때 중국 사람들 몰래 붓 뚜껑에 숨겨 왔다고 알고 있는 사람들이 많아요. 하지만 문익점이 중국에서 목화씨를 가지고 온 것은 사실이지만 몰래 가지고 왔다는 기록은 찾아볼 수 없어요. 또한 중국이 다른 나라로 목화씨가 전해지는 것을 철저하게 막은 것도 아니었다고 해요.

문익점이 백성들을 위해 한 일을 더 흥미롭게 전하고 싶었던 누군가가 꾸며 낸 이야기가 아닐까요?

부민후 백성을 잘살게 만든 신하.

富	民	侯
재물이 많다. 풍요롭다 **부**	백성 **민**	신하 **후**

해동공자 최충

최충은 고려 시대 문신이자 뛰어난 학자였어요. '해동공자'는 최충을 가리키는 일종의 별명이지요. 여기서 '해동'은 '바다 동쪽'이라는 뜻으로 중국 사람들이 봤을 때 아시아 대륙 동쪽 끝에 위치한 우리나라를 가리키는 말이에요.

'공자'는 고대 중국의 유명한 학자 이름이에요. 공자가 남긴 여러 가지 말과 글은 '유교' 또는 '유학'이라는 학문으로 중국은 물론 우리나라와 일본에도 전해지며

백성들의 생활에까지 영향을 주었어요. 특히 유교는 사람이라면 누구나 가져야 할 네 가지 마음, 즉 '인, 의, 예, 지'를 중심으로 충성이나 효도 등의 생활을 강조했어요.

우리나라에서도 고려 시대와 조선 시대를 거쳐 양반이라면 누구나 어려서부터 유교에 관한 책을 꾸준히 공부해야 했어요. 나랏일을 하는 관리가 되기 위해 봐야 하는 과거 시험에도 유교의 가르침에 대한 문제가 많이 나왔지요.

고려 시대 학자였던 최충은 '해동공자' 즉, '바다 동쪽의 공자'라고 불리며 중국의 공자에 비교될 만큼 존경받는 학자였어요. 그는 고려의 신하 자리에서 물러난 후 '9재 학당'이라는 학교를 지어 많은 제자들을 가르치는 데 힘썼어요. 그런데 9재 학당에서 공부한 사람들은 과거 시험에 쉽게 통과한다는 소문이 돌자 과거 시험을 준비하는 전국의 젊은 양반들이 9재 학당에 들어가기 위해 몰려들었다고 해요. 요즘으로 말하자면 최충은 학생들에게 매우 인기가 많은 스타 선생님이었답니다.

해동공자 '바다 동쪽의 공자(고대 중국의 유명한 정치인이자 학자)'라는 뜻으로 최충의 별명.

海	東	孔	子
바다 해	동쪽 동	구멍 공	아들 자

인의예지 유교에서 강조한, 사람이 마땅히 가져야 할 네 가지 성품.

仁	義	禮	智
어질다, 착하다 인	옳다, 의롭다 의	예의바르다 예	지혜롭다, 슬기롭다 지

삼국유사
일연

《삼국유사》는 고려 시대 승려 일연이 1281년에 쓴 다섯 권의 역사책이에요. 일연의 《삼국유사》에는 단군이 고조선을 건국한 이야기나 부여, 가락국 이야기 등 삼국 시대 이전의 우리나라 고대 역사에 대한 기록도 남아 있어요. 또한 실제로 일어난 일이라고 믿기 어려운 신기한 이야기들도 적혀 있지요. 그래서 《삼국유사》는 역사적 사실을 공부하기 위해서라기보다는 신비롭고 재미있는 옛날이야기가 담긴 책으로 지금까지도 인기가 많아요.

《삼국유사》를 쓸 만큼 뛰어난 이야기꾼이기도 했던 일연은 14세 때 절에 들어가 승려 생활을 시작했어요. 그리고 78세 때는 나라의 스승이라고 불리는 '국사'의 자리에 올랐지요. 일연은 72세 때부터 그동안 자신이 보고 들은 수많은 자료를 바탕으로 우리나라의 오랜 역사를 알리는 여러 가지 이야기를 기록하기 시작했어요.

그런데 일연 스님이 남긴 《삼국유사》에는 단군이 우리 조상의 첫 나라라고 할 수 있는 고조선을 세운 때가 기원 전 2333년으로 기록되어 있어요. 다시 말해 우리가 현재 사용하는 연도에 2333년을 더하면 고조선이 몇 년 전에 세워진 나라인지를 알 수 있지요. 우리 역사를 이야기할 때 5천 년을 뜻하는 '반만년'이라는 말을 쓰는 이유도 이 때문이에요.

김부식의 《삼국사기》와 일연의 《삼국유사》는 둘 다 우리나라 보물로 지정될 만큼 우리 조상들의 역사와 이야기를 담고 있는 소중한 문화유산이랍니다.

 고대부터 삼국 시대까지의 역사와 여러 가지 이야기를 모아 쓴 책.

三	國	遺	事
셋 삼	나라 국	전하다 유	일 사

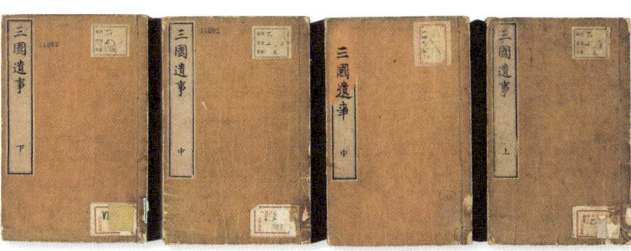

삼국유사
ⓒ국립중앙박물관

《삼국유사》 속 이야기 '뱀이 된 지팡이'

옛날 어느 마을에 모든 사람들이 손가락질을 할 만큼 지독한 구두쇠 부자가 살고 있었다. 부자는 마을에 흉년이 들어 동네 사람들이 며칠씩 굶어도 쌀 한 톨 빌려 주는 일이 없었고 나그네가 찾아오면 문밖에서 바로 내쫓아 버리곤 했다.

그러던 어느 날, 커다란 지팡이를 든 스님 한 명이 구두쇠 부자를 찾아왔다. 고깃국에 하얀 쌀밥을 가득 담아 먹고 있던 부자가 스님을 보자마자 화를 내며 쫓아내려 하자 스님은 들고 있던 지팡이를 땅에 꽂아 놓고는 바람처럼 사라져 버렸다.

그런데 스님이 사라진 후 땅에 꽂혀 있던 지팡이가 순식간에 커다란 뱀으로 변하더니 부자의 몸을 칭칭 감기 시작했다. 부자는 살려 달라고 소리를 치며 발버둥 쳤다. 부자의 외침을 듣고 사람들이 달려가 보았지만 마당에는 지팡이를 두 손으로 움켜잡은 채 벌벌 떨고 있는 부자의 모습만 보일 뿐이었다.

시간이 흘러 정신을 차린 부자는 부처님이 스님을 통해 자신을 혼내 준 것이라고 생각했다. 그 후 부자는 자신의 잘못을 뉘우치고 가난한 마을 사람들에게 곡식을 나누어 주며 항상 어려운 사람을 도와주는 인심 좋은 부자로 변했다.

29 황금을 보기를 돌같이 하라
최영 장군의 말씀 받들자

　최영 장군은 고려 때 활약한 유명한 장군이에요. 고려 말기 북쪽에서는 홍건적이라고 불리는 무리들이, 남쪽에서는 바다 건너 일본의 왜구들이 자주 고려를 침략해 백성들을 괴롭히곤 했어요. 당시 외적으로부터 나라를 지키기 위해 힘쓴 최영 장군은 고려 백성들에게도 널리 이름이 알려졌지요.

　'황금을 보기를 돌같이 하라.'

　이 말은 최영 장군이 남긴 것으로 유명하지만 원래는 최영 장군의 아버지가 돌아가시면서 한 말이라고 해요. 최영 장군이 아버지의 가르침을 잊지 않기 위해 이 말을 글로 써서 항상 품고 다녔다는 이야기도 있어요.

　그런데 '황금을 보기를 돌같이 하라.'라는 말에는 과연 어떤 뜻이 담겨 있을까요?

　누런빛을 내며 반짝이는 황금은 아무나 가질 수 없는 매우 특별하고 귀한 물건이었어요. 요즘도 황금은 매우 값어치가 높은 물건이에요. 그러니 보통 사람이라면 황금을 보고 갖고 싶다는 생각이 드는 게 당연하지요. 그렇게 귀한 황금을 길가에 흔하게 널려 있는 돌처럼 여긴다는 것은 그만큼 돈이나 재물에 욕심이 없다는 뜻이에요.

　이렇듯 최영 장군은 높은 벼슬에 있으면서도 결코 재물에 욕심을 부리지 않고 강직한 성품을 지녀 당시 많은 사람들에게 존경을 받았다고 해요.

만약 여러분이라면 길을 가다 땅에 떨어진 황금 반지나 황금 목걸이를 보았을 때 어떤 마음이 가장 먼저 들게 될까요?

황금 누런빛의 금. 많은 돈이나 재물을 나타내기도 함.

黃	金
노랗다, 누렇다 황	누런빛이 나는 금속, 돈 금

강직 마음이 꼿꼿하고 바름.

强	直
강하다 강	바르다, 곧다 직

최영 장군의 무덤에는 풀이 자라지 않는다?

최영과 이성계는 둘 다 외적으로부터 고려를 지키기 위해 활약한 장군이었다. 하지만 당시 중국을 새롭게 차지한 명나라를 공격하라는 고려 우왕의 명령을 이성계가 어기면서 두 사람은 전혀 다른 길을 가게 되었다.

1388년, 왕의 명령으로 명나라와 싸우기 위해 나선 이성계는 중간에 군대를 돌려 오히려 고려 궁궐을 점령하고 우왕을 몰아낸 후 평소 우왕이 믿고 의지했던 최영 역시 살려 두지 않고 처형했다.

그런데 최영은 죽음을 앞에 두고 이런 말을 남겼다고 한다.

"내가 만약 평생 동안 조금이라도 헛된 욕심을 가졌다면 내 무덤에 풀이 날 것이지만 그렇지 않다면 풀이 나지 않을 것이다!"

그의 유언대로 최영 장군의 무덤에는 풀이 자라지 않았다가 400년이 흐른 뒤에야 비로소 풀이 나기 시작했다고 한다.

30 황희 정승

'정승'이란 왕을 도와 나랏일을 하는 신하들 중에서도 으뜸인 신하를 말해요. 정승은 다른 말로 '재상'이라고도 하지요.

황희는 조선 시대 이름난 정승이자 우리나라 '청백리'의 대표라고 할 수 있어요. '청백리'는 재물에 욕심을 부리지 않고 바른 원칙만 지키는 선비를 가리키는 말이에요. 황희 정승은 고려에서 조선으로 나라가 바뀌는 혼란스러운 상황에서도 20여 년이나 신하 자리를 지켰을 정도로 여러 왕에게 인정을 받았어요.

그런데 젊은 시절 황희에게 큰 가르침을 준 사람은 다름 아닌 평범한 농부 한

사람이었다고 해요.

하루는 황희가 들길을 지나가던 중 한 농부가 검은 소와 누렁소를 데리고 밭을 가는 것을 보게 되었어요. 갑자기 어떤 소가 더 일을 잘하는지 궁금해진 황희는 큰 소리로 농부에게 물었어요.

"검은 소와 누렁소 중에서 어떤 소가 더 일을 잘합니까?"

그 말을 들은 농부는 일부러 황희에게 가까이 다가와 귓속말로 어떤 소가 더 일을 잘하는지 대답해 주었어요. 황희는 주변에 다른 사람도 없는데 농부가 굳이 귓속말로 대답을 한 이유가 궁금해 물었어요. 그러자 농부는 이렇게 말했지요.

"아니, 글공부를 많이 한다는 선비가 그것도 모르십니까? 아무리 말 못하고 하찮은 짐승이라도 자신을 흉보면 기분이 나쁠 것 아닙니까!"

농부의 말을 들은 황희는 자신의 경솔함을 크게 반성했어요. 그리고 그 후로는 언제나 말과 행동을 조심하기 위해 노력했답니다.

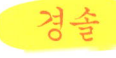 청백리   재물에 욕심이 없이 곧고 깨끗한 선비.

清	白	吏
욕심이 없다. 맑다 청	하얀, 깨끗한 백	선비, 벼슬아치 리

경솔   말이나 행동이 조심스럽지 않고 가벼움.

輕	率
가볍다 경	따르다 솔

맹사성

맹사성 역시 황희 정승과 더불어 조선 세종 때 재상으로 유명한 사람이에요. 맹사성은 신하로서 높은 자리에 올랐을 때도 옷차림이 여전히 검소했으며 평소 바깥에 나갈 일이 생기면 하인을 데리고 다니기보다 혼자 소를 타고 다니는 것을 좋아했대요. 이때 맹사성이 타고 다녔다는 소와 관련된 재미있는 이야기가 전해지고 있어요.

어느 날 맹사성이 집 뒤에 있는 산을 오르던 중 어린 아이들이 검은 소 한 마리를 괴롭히며 놀고 있는 것을 보게 되었어요.

"이 녀석들! 아무리 말 못하는 짐승이라도 그렇게 괴롭히고 못살게 굴어서야 되겠느냐!"

맹사성의 호통에 아이들은 도망을 쳤고 맹사성은 심하게 다친 소를 집으로 데리고 와 소죽을 쑤어 먹이며 정성스럽게 돌봤어요.

며칠 후 소가 기운을 차리자 맹사성은 소의 주인을 찾는다며 동네방네 소문을 냈지만 아무도 나타나지 않았지요. 할 수 없이 그는 검은 소를 자신의 집에 두고 가마 대신 타고 다니며 항상 함께했어요.

그러던 어느 날, 79세의 나이로 맹사성이 세상을 떠나자 검은 소는 사흘 동안이나 아무것도 먹지 않고 슬피 울다 죽었어요. 이 모습을 보고 감동한 마을 사람들은 맹사성의 무덤 아래 그 소를 묻어 주기로 했어요.

　소의 무덤에는 예로부터 신비로운 동물로 여겨진 기린에 빗대어 '검은 기린의 무덤'이라는 뜻의 한자 '黑麒塚(흑기총)'을 새긴 비석도 세워 주었어요. 흑기총은 지금까지도 맹사성의 무덤과 함께 잘 보존되고 있답니다.

검소 지나치게 낭비하지 않고 수수함.

儉	素
넉넉하지 않다, 적다 **검**	희다, 수수하다 **소**

흑기총 맹사성이 기르던 검은 소의 무덤.

黑	麒	塚
검다 **흑**	기린, 신령스러운 동물 **기**	무덤 **총**

과학 장영실

　장영실은 조선의 과학 기술을 높은 수준으로 발전시킨 발명가이자 과학자예요. 조선의 네 번째 왕인 세종 때 만들어진 과학 기구는 대부분 장영실의 손을 거쳐 탄생했다고 해도 지나친 말이 아니에요.

　장영실은 동래현이라는 지금의 부산 지역에 살던 노비였어요. 노비는 조선 시대 가장 낮은 신분에 속한 사람들로 나랏일을 보는 관청이나 양반 집에 머물며 여

러 가지 시키는 일을 해야 했지요.

　어려서부터 여러 가지 물건을 고치는 재주가 뛰어났던 장영실은 관청의 노비로 생활하면서도 기구들이 망가지면 금세 고쳐 내기도 하고 오히려 더 편리하게 사용할 수 있게 바꾸어 놓기도 했어요.

　조선의 세 번째 왕이었던 태종은 소문을 듣고 장영실을 한양으로 불러 궁궐의 기술자로 일하도록 했어요. 더 이상 노비가 아닌 궁궐에 속한 신하이자 조선 최고의 과학자로서 장영실의 삶이 새롭게 시작된 것이지요.

　마침내 장영실은 세종 때 물을 이용해 스스로 시간을 알리는 '자격루'와 해의 그림자를 이용해 시간과 절기를 알 수 있게 해 주는 '앙부일구' 등 많은 과학 기구를 만들었어요. 정확한 달력과 시계가 없던 시절 장영실이 만든 여러 가지 기구들은 시간과 날짜의 변화를 알게 해 주어 백성들이 농사를 짓는 데 매우 큰 도움이 되었어요. 그에 대한 보답으로 세종은 장영실에게 큰 벼슬을 내려 주기도 했지요.

　신분의 장벽을 뛰어넘어 왕과 백성을 위해 자신의 능력과 재주를 마음껏 발휘한 장영실은 지금까지도 우리나라를 대표하는 훌륭한 과학자로 평가받고 있답니다.

 도구나 기계 등을 통틀어 가리키는 말.

器	具
도구, 그릇 기	그릇, 갖추다 구

 남의 집이나 나라에 속해 대대로 천한 일을 하던 남자와 여자. 비슷한 말로는 '종'.

奴	婢
노예 노	여자 종, 여자 노예 비

장영실의 손을 거친 조선의 과학 기구

자격루

물이 흐르는 것을 이용해 스스로 소리가 나게 해서 시간을 알리도록 만든 일종의 물시계. 나무로 된 부분은 불에 타고 현재 남아 있는 것은 청동으로 만든 물통 부분이다.

自	擊	漏
스스로 자	치다 격	새다, 물시계 루

복원된 자격루 모형 ⓒ국립고궁박물관

물통 부문만 남아 있는 보루각 자격루
ⓒ국립중앙박물관

앙부일구

해의 그림자를 보고 시간과 절기를 알 수 있도록 해 주는 일종의 해시계.

仰	釜	日	晷
우러르다 앙	가마, 솥 부	해 일	그림자 구

ⓒ국립고궁박물관

신숙주와 한명회 역사는 안다

조선의 일곱 번째 왕은 '세조'예요. 왕이 되기 전에는 '수양대군'으로 불렸지요.

그런데 수양대군이 조선의 일곱 번째 왕이 되는 과정은 결코 평화롭지 못했어요.

조선의 다섯 번째 왕인 문종이 왕이 된 지 3년 만에 병으로 세상을 떠났어요. 그러자 문종의 맏아들인 단종이 11세 어린 나이에 왕의 자리를 물려받게 되었어요.

하지만 문종의 동생이자 단종의 작은 아버지였던 수양대군은 어린 조카가 왕이 된 것을 못마땅하게 여겼어요. 결국 수양대군은 단종을 끝까지 왕으로 지키려는 많은 신하들의 반대에도 불구하고 1453년, 힘으로 단종을 몰아내고 스스로 조선의 일곱 번째 왕이 되었지요.

신숙주와 한명회는 수양대군이 왕이 될 때 도움을 준 사람들이에요. 특히 한명회는 그 누구보다 적극적으로 수양대군을 도왔어요.

수양대군이 왕이 된 후 한명회는 우의정과 영의정이라는 가장 높은 신하 자리에 차례대로 오르며 최고의 부와 권력을 누리기도 했어요. 신숙주 역시 수양대군이 왕이 되는 것을 특별히 반대하지 않았어요. 또한 수양대군이 왕이 된 후에도 예전처럼 왕을 도와 많은 업적을 남기기도 했지요. 이렇게 신숙주는 학자

로서 조선의 발전을 위해 노력했지만 단종을 버리고 수양대군을 따랐기 때문에 그를 두고 '배신자'라고 생각하는 사람들도 있었어요.

여러분은 조카인 어린 왕을 쫓아내고 조선의 일곱 번째 왕이 된 수양대군, 그리고 그가 왕이 되는 것을 도와준 신숙주와 한명회를 어떻게 생각하나요? 역사가 그 해답을 알려 주었나요?

한편 수양대군은 왕이 된 후 자신을 반대했던 사람들에게 매우 잔인한 벌을 내리기도 했어요. 뒤에 나오는 '사육신과 생육신'에서 그 이야기를 들을 수 있답니다.

부와 권력 넉넉한 재산과 남을 지배하는 힘.

富	權	力
돈, 재산, 재물 **부**	권세 **권**	힘 **력**

배신자 믿음이나 의리를 저버린 사람

背	信	者
배반하다, 등 **배**	믿음 **신**	사람 **자**

신숙주처럼 쉽게 변해 버리는 나물, 숙주나물?

명절이나 제사 때 빠지지 않고 상에 올라오는 나물 중에 콩나물과 비슷한 모양을 가진 것이 있는데 이를 '숙주나물'이라고 한다. 이 나물은 '녹두'라는 콩이 자란 것이다.

그런데 녹두콩에서 자란 줄기로 무친 나물을 '녹두나물'이라고 하지 않고 '숙주나물'이라고 부르게 된 이유가 바로 조선의 신하였던 신숙주 때문이라는 이야기가 전해지고 있다.

쉽게 상하고 변해 버리는 특징을 가진 녹두나물을 두고 사람들이 단종에게 끝까지 충성하지 않고 수양대군을 새로운 왕으로 인정한 신숙주에 빗대어 '숙주나물'로 불렀다는 것이다. 또 만두를 만들 때 속 재료인 녹두나물을 짓이기는데 신숙주를 나물처럼 짓이기고 싶을 정도로 미워한 사람들이 숙주나물로 불렀다고도 한다.

십만양병 이율곡

여러분은 우리나라 종이돈에 그려진 인물들이 누구인지 모두 알고 있나요? 그중 5000원짜리의 주인공이 바로 이율곡이에요.

이율곡의 원래 이름은 '이이'예요. 옛날 사람들은 원래 이름 이외에 여러 가지 뜻을 가진 다른 이름을 가지기도 했는데 이런 이름을 '호'라고 해요. '율곡'은 바로 이이의 '호'이지요. 보통 호를 원래 이름 앞에 붙여 부르는 경우가 많아 '율곡 이이'라고도 하지요.

이율곡은 '신사임당 오죽헌'에 나오는 신사임당의 셋째 아들이기도 해요. 그래서 5000원짜리 종이돈 뒷면에는 신사임당이 그린 그림이 새겨져 있어요.

이율곡은 신동으로 소문이 났을 정도로 어려서 글을 깨쳤다고 해요. 13세 때 이미 과거 시험에 합격할 정도로 글공부 실력 또한 뛰어났지요. 조선의 왕이었던 선조는 나랏일에 관해 이율곡에게 여러 차례 의견을 물을 정도로 그의 생각을 존중하고 믿었다고 해요. 이처럼 이율곡은 조선의 문신이자 뛰어난 학자로 이름을 널리 알렸어요.

'십만양병'이란 전쟁을 대비해 '십만 명의 군인을 모아 길러야 한다.'는 뜻으로 이율곡이 조선 시대 때 주장한 것으로 알려져 있어요. 하지만 당시 조선에서 십만 명이나 되는 군인을 더 모으고 훈련한다는 것은 결코 쉬운 일이 아니었지요. 결국

이율곡이 주장한 십만양병은 실천으로 옮겨지지 않았어요. 그런데 이율곡이 세상을 떠난 뒤 몇 년이 지나고 일본이 조선을 침략한 '임진왜란'이 일어나고 말았어요.

만약 이율곡이 주장한 '십만양병'이 이루어졌더라면 임진왜란은 큰 피해 없이 조선의 승리로 빨리 끝낼 수 있었을까요?

 본명 이외에 사용하는 이름.

號
이름, 부르다 호

 십만 명의 군인을 길러 냄.

十	萬	養	兵
열 십	일만 만	기르다 양	군인, 군사 병

주리
이퇴계

이율곡보다 먼저 태어난 '이퇴계'는 중국에서 조선으로 건너온 '성리학'이라는 학문을 누구보다 깊게 공부하고 발전시킨 사람이에요. '퇴계'는 그의 호이고 원래 이름은 '이황'이에요. 퇴계 이황은 우리 돈 1000원짜리의 주인공이기도 하지요.

'주리'란 성리학에 대한 이퇴계의 생각을 한마디로 나타낸 말이에요. 그는 사람들이 가지고 있는 예의, 지혜 등은 '理(리)'에서 나오는 것이라고 강조했어요. 이퇴계가 '주리'를 강조한 후 조선의 여러 학자들은 이에 대해 활발한 토론을 벌이기도 했어요. 이때 이퇴계의 생각을 따르던 당시 학자들을 가리켜 '주리파'라고 부르기도 하지요.

이퇴계는 많은 제자들을 가르친 훌륭한 선생님이기도 했어요. 그가 경상북도 영주 지방에서 벼슬을 하며 제자들을 가르칠 때였어요. 마을에 배순이라는 이름을 가진 대장장이가 살고 있었는데 그는 평소 글공부를 하고 싶었지만 낮은 신분 때문에 가르침을 받을 기회가 없었어요. 그러던 중 배순은 담장 너머로 이퇴계가 선비들을 가르치는 소리를 우연히 듣게 되었어요. 그때부터 그는 담 밖에서 무릎을 꿇고 앉아 이퇴계의 가르침을 들으며 공부를 하기 시작했어요. 그리고 배순의 사연을 알게 된 이퇴계는 그를 제자로 받아들였지요.

69세의 나이로 이퇴계가 세상을 떠나자 배순은 철로 만든 이퇴계의 얼굴 모형을 3년 동안 집 안에 모셔 두고 절을 올리며 돌아가신 스승에 대한 예의를 갖추었다고 해요. 이렇게 가르침에 있어 신분 차별을 두지 않았던 이퇴계는 지금까지도 뛰어난 학자이자 훌륭한 선생님으로 기억되고 있답니다.

주리 '리'를 주장함. 퇴계 이황이 강조한 성리학 이론.

主	理
중요한, 주장하다 주	도리, 이치 리

돈에 새겨진 우리나라 역사 속 위인은 누구일까?

우리나라뿐 아니라 다른 나라들도 그 나라의 역사 속 위인을 돈에 새겨 넣는 경우가 많다. 우리나라는 10원짜리 동전에는 경주 불국사에 있는 '다보탑', 50원짜리에는 '벼 이삭', 500원짜리에는 '학'의 모습이 새겨져 있고 나머지 돈에는 모두 조선 시대를 대표하는 위인의 모습이 각각 새겨져 있다.

100원 - 이순신　　1000원 - 퇴계 이황　　5000원 - 율곡 이이

10000원 - 세종대왕　　50000원 - 신사임당

신사임당
오죽헌

우리나라에서 사용하는 현금 중에서 가장 금액이 높은 것은 얼마짜리일까요? 바로 5만 원이지요. 5만 원짜리 종이돈 앞면에 새겨진 사람이 바로 신사임당이에요.

신사임당은 조선 시대의 뛰어난 여성 화가이자 지혜로운 어머니의 대표라고 할 수 있어요. 신사임당은 '십만양병 이율곡'에서 만난 조선의 유명한 학자이자 신하였던 이율곡의 어머니이기도 하지요.

신사임당과 이율곡이 태어난 곳은 강원도 강릉에 있는 '오죽헌'이라는 집이에요. 이곳은 까마귀 색깔처럼 검은 대나무가 집 주변을 둘러싸고 있다고 해서 '검은 대나무 집'이라는 뜻의 한자 '오죽헌'이라는 이름이 붙여졌다고 해요.

신사임당은 7세 때부터 유명한 화가의 그림을 따라 그리며 혼자 그림 공부를 했을 정도로 재주가 남달랐어요. 특히 여러 가지 풀벌레와 포도 그림을 실감나게 그린 것으로 유명하지요.

신사임당의 뛰어난 그림 솜씨와 관련된 재미있는 이야기도 전해지고 있어요.

하루는 신사임당이 잔칫집에 초대를 받아 간 날이었어요. 함께 자리에 있던 어떤 부인의 치마에 음식이 쏟아지는 바람에 크게 얼룩이 지고 말았어요.

"어머! 어쩜 좋아. 빌려 입은 치마인데 얼룩이 묻었으니 난 이제 어떡해."

알고 보니 집이 가난했던 그 부인은 다른 사람에게 치마를 빌려 입고 잔치에

온 것이었어요.

부인이 울먹거리는 것을 보고 안쓰러운 마음이 든 신사임당은 부인에게 치마를 벗으라고 한 뒤 그 위에 포도송이 그림을 그리기 시작했어요. 치마의 얼룩은 마치 진짜 포도송이가 주렁주렁 매달려 있는 것처럼 멋진 그림으로 변신했지요. 신사임당은 부인에게 치마를 돌려주며 말했어요.

"이 치마를 장에 가져가 팔도록 하세요. 치마를 판 돈으로 새 치마를 사서 빌린 사람에게 돌려주면 될 거예요."

아니나 다를까 멋진 포도송이가 그려진 치마는 새 치마를 사고도 남을 정도로 비싼 값에 팔렸어요.

많은 사람들이 아들 이율곡을 훌륭한 학자로 길러 낸 신사임당을 가리켜 '현모양처'라고 해요. 하지만 신사임당은 단지 이율곡의 어머니로서가 아니라 매우 뛰어난 그림 솜씨를 가진 조선의 화가로서 충분히 존경받을 만한 위인이랍니다. 여성의 글이나 그림 솜씨를 그다지 인정해 주지 않았던 조선 시대에 태어나지만 않았다면 신사임당은 아마 세계적인 화가가 되었을 수도 있었겠죠?

오죽헌 검은 대나무 집. 신사임당과 이율곡이 태어난 집의 이름.

烏	竹	軒
검다, 까마귀 **오**	대나무 **죽**	집 **헌**

현모양처 현명한 어머니이면서 착한 아내.

賢	母	良	妻
현명하다, 어질다 **현**	어머니 **모**	착하다, 좋다 **양**	아내 **처**

잘 싸운다
곽재우, 조헌

곽재우와 조헌은 임진왜란 때 활약한 사람들이에요. '임진왜란'은 임진년이었던 1592년에 일본이 조선을 침략한 전쟁을 말해요. 그때는 일본을 가리켜 '왜'라고 했는데 '임진년에 왜가 일으킨 전쟁'이라는 뜻으로 '임진왜란'이라고 하지요.

임진왜란이 일어났을 때 조선은 벌어지는 싸움마다 일본에게 크게 지고 있었어요. 그러나 얼마 후부터 전국 각 지방에서 의병들이 나서기 시작했고 여기저기에서 조선의 승리 소식이 들려왔어요.

'의병'은 적의 침략을 받았을 때 군인 신분이 아니더라도 나라를 지키기 위해 스스로 전쟁에 나서는 사람을 뜻해요. 곽재우와 조헌은 두 사람 다 임진왜란이 일어났을 때 각자 자신이 머물고 있던 지역에서 백성들을 모아 의병을 일으킨 의병 장군이에요.

곽재우는 임진왜란이 일어나자 고향인 경상남도 의령 지방에서 가장 먼저 의병을 일으켰어요. 자신의 집에서 일하는 사람들은 물론 이웃 양반들을 설득해 곽재우가 이끄는 의병은 2천 명까지 늘어났어요. 그는 전투에 나설 때마다 붉은 옷을 입었다고 해서 '홍의장군'이라는 별명을 얻기도 했지요.

조헌은 이율곡의 제자로 조선의 학자이자 문신이었어요. 그는 신하 자리에서 물러나 충청북도 옥천에서 제자들을 가르치며 생활하던 중 임진왜란이 일어나자 그곳에서 의병을 일으켜 당당히 일본 군대에 맞섰어요. 조헌은 일본에게 빼앗긴 청주성을 되찾은 후 금산에서 다시 전투를 벌이다 700여 명의 의병과 함께 안타깝게 세상을 떠나고 말았답니다.

임진왜란 임진년(1592년)에 왜(일본의 옛 이름)가 일으킨 전쟁.

壬	辰	倭	亂
북방 임	별 진	왜나라 왜	난리, 전쟁 란

의병 외적을 물리치기 위해 스스로 군인이 된 사람.

義	兵
옳다, 바르다 의	군인 병

홍의장군 붉은 옷을 입은 장군. 의병 장군 곽재우의 별명.

紅	衣	將	軍
붉은 홍	옷 의	대장, 우두머리 장	군인 군

김시민

　김시민은 임진왜란 때 활약한 조선의 장군이에요. 특히 김시민 장군이 승리로 이끈 진주성 전투는 임진왜란이 일어났을 때 일본군을 크게 물리친 유명한 전투 중 하나이지요.

　당시 일본군 2만여 명이 경상남도에 위치한 진주성을 공격했는데 성을 지킬 수 있는 조선 군인들은 3천 800여 명뿐이었어요. 그러나 김시민 장군과 조선 군인들은 용기와 지혜로 맞서 싸웠어요.

　이때 김시민 장군은 일본 군인들이 성에 가까이 다가오는 것을 막기 위해 진주성 앞쪽에 흐르는 남강에 등불을 띄우기도 하고 허수아비를 이용해 성 안의 군인이 많은 것처럼 위장하기도 했대요.

　이때 곽재우가 이끄는 의병 부대는 진주성 밖에서 일본 군대와 싸움을 벌여 성을 지키는 김시민과 조선 군인들을 돕기도 했어요. 이렇게 진주성 안팎에서 벌어진 6일 동안의 치열한 전투는 결국 조선의 큰 승리로 끝이 났어요.

　하지만 김시민 장군은 전투가 끝날 무렵 일본 군인이 쏜 총에 이마를 맞아 쓰러진 후 며칠 만에 안타깝게 세상을 떠나고 말았지요.

　김시민 장군은 부상을 당해 누워 있을 때도 전쟁 중인 나라의 앞날을 걱정하며 때로는 당시 왕이었던 선조가 있는 곳을 향해 절을 올릴 만큼 충성심이 강했어요.

지금도 경상남도 진주에서는 해마다 10월이면 남강에 등불을 띄우는 '유등 축제'를 통해 지난 역사를 되새기고 있답니다.

위장 본래 모습이 드러나지 않도록 거짓으로 꾸밈.

僞	裝
거짓 속이다 위	꾸미다 장

유등 기름으로 켜는 등불.

油	燈
기름 유	등불 등

나라 구한 이순신

　우리나라 사람들이 가장 존경하는 위인으로 꼽는 사람 중에 늘 빠지지 않는 사람이 바로 이순신 장군이에요. 이순신 장군은 임진왜란이 일어났을 때 스무 번 넘게 벌어진 해전을 모두 승리로 이끌며 위기에 빠진 나라를 구했어요.

　특히 명량 앞바다에서 13척밖에 안 되는 배로 133척이나 되는 일본 배에 맞서 싸운 '명량해전'은 이순신 장군과 조선 수군의 당당함이 만들어 낸 기적과도 같은 승리였어요.

　그런데 이순신 장군에게 언제나 승리의 기쁨만 있었던 것은 아니에요. 전쟁 중에 어머니께서 병으로 돌아가신 것은 물론 셋째 아들이 전쟁터에서 죽는 등 가족을 잃는 슬픔을 겪어야 했어요.

　또한 왕의 명령을 따르지 않았다는 이유로 장군의 자리에서 물러나 평범한 군인 신분으로 전쟁터에 나가야 하는 벌을 받기도 했지요.

　하지만 어떤 상황에서도 이순신 장군은 나라의 앞날을 걱정하는 마음과 반드시 승리로 전쟁을 끝내겠다는 다짐을 버리지 않았어요.

　당시 조선의 왕이었던 선조는 상황이 불리해지자 이순신에게 다시 장군의 자리를 맡기고 조선의 바다를 지키도록 했어요.

　결국 일본은 조선 침략을 중단하고 물러나기로 했지만 이순신 장군은 일본 군인들을 순순히 돌려보내지 않았어요.

　1598년, 일본으로 되돌아가려는 수백 척의 배가 노량 앞바다를 지날 때 끝까지 일본군과 싸워 큰 승리를 거두었지요.

　하지만 이순신 장군은 임진왜란의 마지막 해전이었던 이 전투에서 적군의 총에 맞아 그만 숨을 거두고 말았어요.

　"전쟁이 급하니 나의 죽음을 알리지 말라."

　이 말은 이순신 장군이 죽기 전에 마지막으로 남긴 것이라고 해요. 죽는 순간까지 전쟁에서 승리해 나라를 구하고자 했던 이순신 장군의 충성심을 여러분도 느낄 수 있나요?

해전 바다에서 벌어지는 전쟁.

海	戰
바다 해	전쟁 싸움 전

수군 조선 시대 바다를 지킨 군대.

水	軍
물 수	군인 군대 군

거북선은 이순신 장군이 직접 설계하고 만들었을까?

'이순신 장군' 하면 떠오르는 것이 바로 '거북선'이다. 하지만 임진왜란 때 활약한 거북선을 설계한 사람은 이순신 장군이 아니라 바로 나대용 장군이다.

무과 시험에 합격해 조선의 무신이 된 나대용은 배를 설계하고 만드는 실력이 뛰어난 사람이었다. 나대용은 임진왜란이 일어나기 1년 전, 오랜 연구 끝에 자신이 직접 그린 거북선의 설계도를 가지고 당시 전라도 지역의 수군을 지휘하고 있던 이순신 장군을 찾아갔다. 나대용의 뛰어난 능력을 한눈에 알아본 이순신 장군은 나대용에게 거북선을 만들도록 지시했고 얼마 후 예로부터 신비한 동물로 여겨진 검은 거북이 모양의 '거북선'이 탄생하게 되었다.

나대용 장군은 거북선 제작은 물론 임진왜란 당시 이순신 장군을 도와 직접 많은 전투에 참여해 큰 활약을 했다.

태정태세 문단세

500여 년 동안 나라를 이어 온 조선에는 모두 27명의 왕이 있었어요. 조선의 왕들은 모두 '이'씨 성을 가지고 있어요. 1392년, 이성계가 조선의 첫 번째 왕이 된 후 그의 자손들이 왕의 자리를 계속 이어받았기 때문이지요. 조선의 네 번째 왕이었던 세종의 이름은 '이도', 스물두 번째 왕이었던 정조의 이름은 '이산'이에요.

그런데 '이성계'나 '이도'처럼 원래 가지고 있던 이름 대신 '태조', '세종'이라고 왕을 부르는 것은 '묘호' 때문이에요. '묘호'란 왕이 죽으면 살았을 때의 업적에 따라 붙여 주는 또 다른 이름이지요. '묘호'는 여러 신하들이 의논을 한 후 다음 왕의 허락을 받아 결정했어요.

처음으로 나라를 세운 왕은 대부분 '태조'라는 묘호를 가지고 있어요. 고려의 첫 번째 왕이었던 왕건을 '태조 왕건'이라고 부르는 것도 이 때문이지요.

일반적으로 나라를 열거나 나라의 큰 어려움을 이겨 낸 왕은 '조', 나라를 발전시키고 백성을 잘 살게 한 왕은 '종'을 붙였다고 해요.

'태정태세문단세'는 조선의 첫 번째 왕 '태조'부터 일곱 번째 왕 '세조'까지의 묘호 중 뒷 글자 '조'와 '종'을 빼고 앞 글자만 연결한 말이에요. 정확한 묘호로는 '태조', '정종', '태종', '세종', '문종', '단종', '세조'가 된답니다.

그런데 조선 시대 27명의 왕 중에서 '조'나 '종'의 묘호를 받지 못한 왕이 두 명

있어요. 바로 '연산군'과 '광해군'이에요.

조선의 질서와 예의에 크게 어긋난 행동을 자주 하거나 나라를 제대로 다스리지 못한다는 이유로 자리에서 물러나게 된 왕에게는 묘호를 붙여 주지 않았답니다.

그렇다면 세조 이후 조선의 다른 왕들은 또 어떤 묘호를 가지고 있을까요?

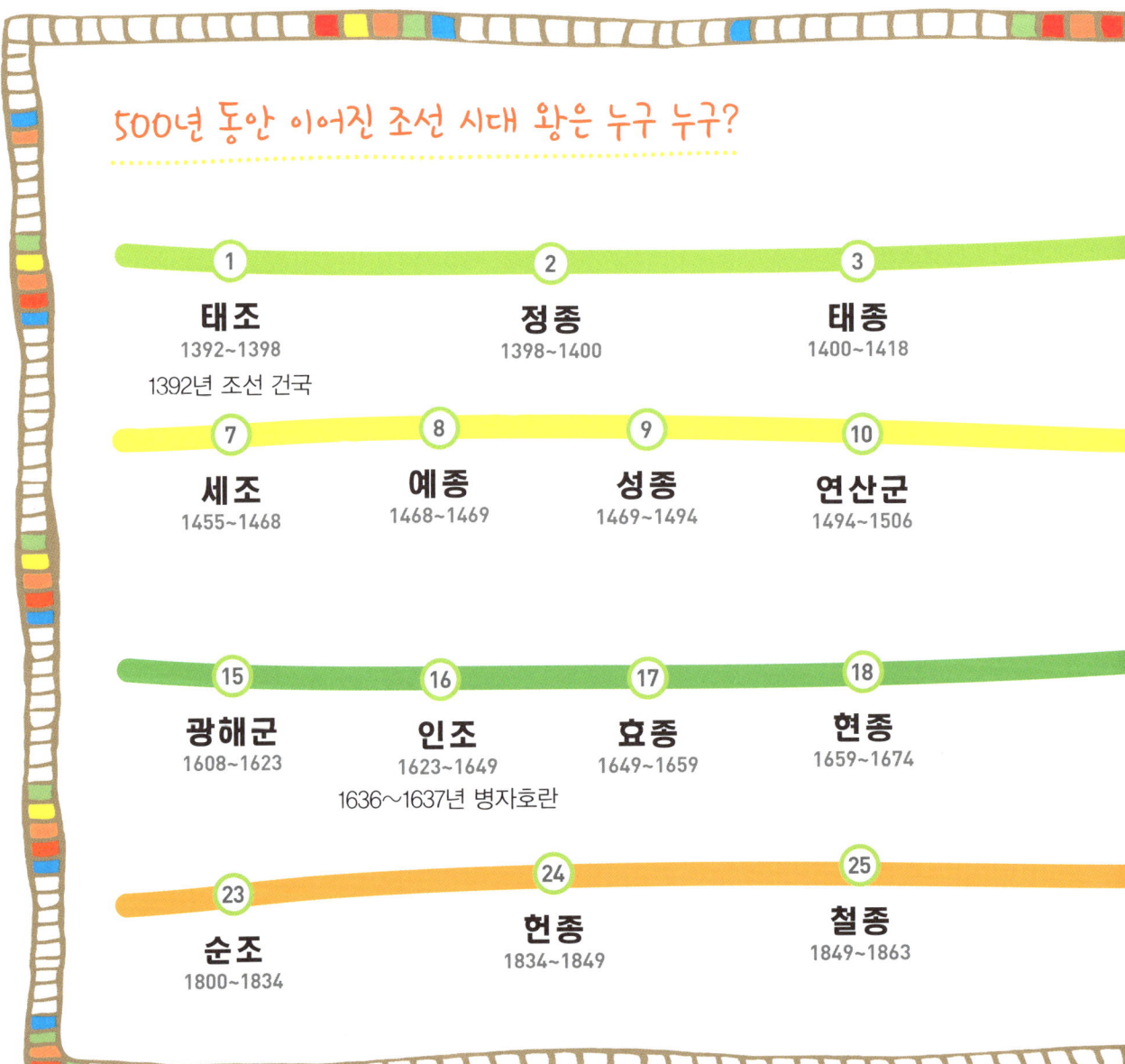

500년 동안 이어진 조선 시대 왕은 누구 누구?

1. **태조** 1392~1398 — 1392년 조선 건국
2. **정종** 1398~1400
3. **태종** 1400~1418
7. **세조** 1455~1468
8. **예종** 1468~1469
9. **성종** 1469~1494
10. **연산군** 1494~1506
15. **광해군** 1608~1623
16. **인조** 1623~1649 — 1636~1637년 병자호란
17. **효종** 1649~1659
18. **현종** 1659~1674
23. **순조** 1800~1834
24. **헌종** 1834~1849
25. **철종** 1849~1863

묘호 왕이 죽고 난 뒤 왕을 부르기 위해 붙이는 이름.

廟	號
조상의 제사를 지내는 곳, 사당 **묘**	부르다 **호**

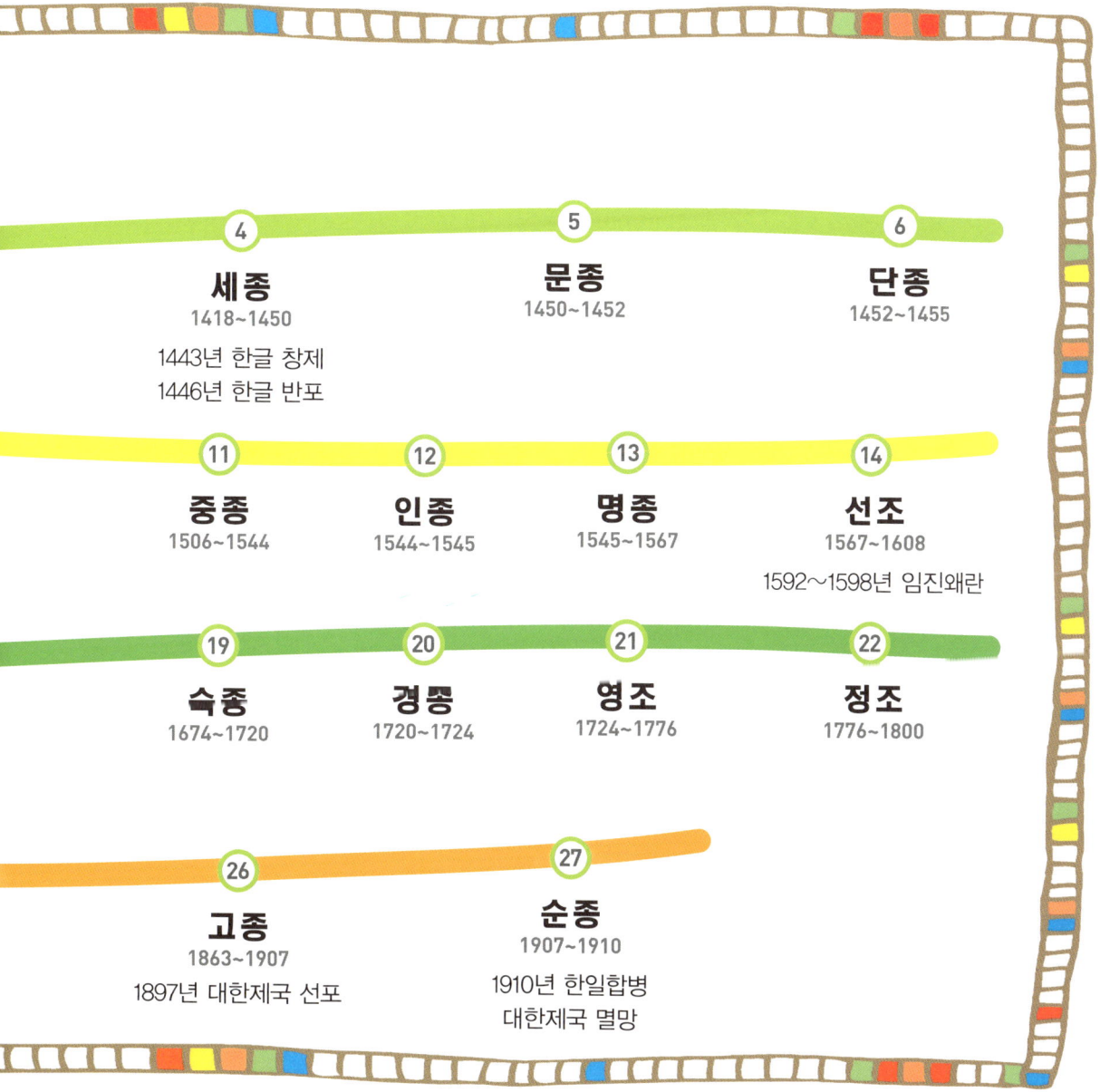

④ **세종** 1418~1450
1443년 한글 창제
1446년 한글 반포

⑤ **문종** 1450~1452

⑥ **단종** 1452~1455

⑪ **중종** 1506~1544

⑫ **인종** 1544~1545

⑬ **명종** 1545~1567

⑭ **선조** 1567~1608
1592~1598년 임진왜란

⑲ **숙종** 1674~1720

⑳ **경종** 1720~1724

㉑ **영조** 1724~1776

㉒ **정조** 1776~1800

㉖ **고종** 1863~1907
1897년 대한제국 선포

㉗ **순종** 1907~1910
1910년 한일합병
대한제국 멸망

사육신과 생육신

'사육신'과 '생육신'은 '죽은 여섯 명의 신하'와 '살아남은 여섯 명의 신하'를 뜻하는 말이에요. 수양대군이 조선의 일곱 번째 왕이 된 후 일어난 사건과 관련이 있는 말이기도 하지요.

'신숙주와 한명회 역사는 안다'에서 들려준 이야기를 기억하나요?

조선의 네 번째 왕이었던 세종의 뒤를 이어 문종이 왕이 되었어요. 하지만 어려서부터 몸이 약했던 문종은 왕이 된 지 겨우 3년 만에 병으로 세상을 떠나고 말았어요. 그러자 문종의 맏아들인 단종이 11세의 어린 나이에 왕의 자리를 물려받았어요. 하지만 곧 문종의 동생이자 단종의 작은 아버지였던 수양대군이 힘으로 단종을 왕의 자리에서 물러나게 한 후 스스로 조선의 왕이 되었지요. 그가 바로 조선의 일곱 번째 왕 '세조'예요.

그런데 당시 수양대군이 왕이 되는 것을 반대하는 신하들이 많았다고 해요. 그들 중에는 수양대군이 왕이 된 후에도 여전히 '나리'라고 부르며 끝까지 왕으로 인정하지 않는 사람들도 있었지요. 그리고 몇몇 사람들은 쫓겨난 단종을 다시 왕으로 모시려는 계획을 몰래 세우기도 했어요. 그런데 세조가 이 사실을 미리 알게 되고 말았지요. 세조는 단종을 다시 왕으로 세우려 했던 신하들을 모두 잡아들였어요.

"너희들은 어찌하여 감히 나를 배반하려 했는가?"

세조가 묻자 잡혀 온 신하들 중 한 명인 성삼문이 거침없이 대답했어요.

"나는 단지 신하로서 조선의 왕을 다시 모시려고 했을 뿐이오. 하늘에 두 개의 태양이 뜰 수는 없지 않겠소! 나리는 내가 모셔야 할 왕이 아니오!"

다른 사람들도 마찬가지 대답을 했어요. 화가 난 세조는 불에 달군 시뻘건 쇠로 다리를 지지고 몽둥이로 몸을 때리는 등 심한 벌을 내렸어요. 그리고 잘못을 인정하면 목숨은 살려 주겠다고 했지요.

하지만 성삼문과 박팽년, 하위지, 이개, 유성원, 유응부 이렇게 여섯 사람은 당시 스스로 목숨을 끊거나 세조를 왕으로 인정하지 않겠다고 끝까지 버티다가 죽임을 당했어요. 이들을 '죽은 여섯 명의 신하'라는 뜻으로 '사육신'이라고 해요. 그리고 남효온과 김시습, 원호, 이맹전, 조려, 성담수 이렇게 여섯 명은 죽임을 당하지는 않았지만 세조를 왕으로 모시지 않기 위해 평생 동안 신하 자리를 거절하고 시골로 내려가 책을 읽거나 글을 쓰며 살았어요. 이들을 가리켜 '살아남은 여섯 명의 신하' 즉,

'생육신'이라고 하지요.

사육신과 생육신이 끝까지 모시려고 했던 어린 왕 단종 역시 강원도 영월로 쫓겨난 후 16세 때 결국 세상을 떠나고 말았답니다.

몸바쳐서 논개

경상남도 진주에 흐르고 있는 남강 옆에는 '義巖(의암)'이라는 한자가 새겨진 커다란 바위가 있어요. '의암'은 '의로운 바위'라는 뜻으로 조선의 '논개'라는 여성을 기념하는 글자이지요.

임진왜란이 일어나 나라가 어지러웠을 때 논개라는 이름을 가진 여인이 남강이 내려다보이는 높은 바위 위에서 일본군 대장을 껴안고 강물로 뛰어들었어요. 일본 군인들에게 진주성을 빼앗기고 많은 조선 사람들이 희생된 것을 복수하려는 행동이었지요.

임진왜란 당시 김시민 장군이 이끌었던 진주성 전투에서 크게 패배한 일본군은 1년 뒤 다시 진주성을 공격했어요. 두 번째 전투에서는 일본군에게 진주성을 빼앗기고 말았지요. 그때 진주성을 지키기 위해 끝까지 싸움을 벌인 조선 군인과 수많은 진주 백성들이 무참하게 죽었어요.

논개는 희생당한 진주 백성들의 복수를 위해 적장을 껴안고 강물에 몸을 던지기로 결심했어요. 이때 혹시나 적장이 쉽게 빠져나올까 봐 깍지 낀 손이 풀리지 않게 하려고 열 손가락에 모두 반지를 끼었다는 이야기가 전해지기도 하지요.

그런데 논개는 성이 '주'씨라는 것 이외에 언제 태어났고 죽기 전까지 어떻게 살았는지에 대한 정확한 기록이 남아 있지 않아요. 논개가 진주 관청에 속한 기생

이 있다거나 임진왜란 당시 진주성을 지키던 의병 대장 최경회의 부인이었다는 등의 이야기만 전해지고 있어요. 하지만 위태로운 역사 속에서 자신의 목숨을 아끼지 않았던 논개의 충성심과 용기는 지금까지도 많은 사람들에게 큰 감동으로 기억되고 있답니다.

의암 의로운 바위.

義	巖
옳다, 바르다 **의**	바위 **암**

적장 서로 싸우는 상대편의 장수.

敵	將
상대방, 원수 **적**	장수, 거느리다 **장**

행주치마 권율

행주치마는 옛날에 여자들이 일을 할 때 치마 위에 덧입던 짧은 옷을 말해요. 요즘 요리할 때 주로 입는 앞치마 같은 것이지요. 그런데 '행주'라는 말이 임진왜란 때 행주산성에서 일본을 크게 물리친 싸움으로 유명한 '행주대첩'에서 나오게 됐다는 이야기가 있어요.

임진왜란이 일어났을 때 권율은 55세라는 나이에도 불구하고 앞장서서 나라를 지킨 장군이에요.

일본군이 조선의 수도인 한양을 점령하자 권율 장군은 한양에서 가까운 행주산성에 군인들을 모으고 한양을 되찾기 위한 전투 준비를 갖추었어요. 이 소식을 들은 수많은 일본 군인들이 총을 들고 행주산성을 공격하기 시작했어요. 하지만 조선 군인들은 권율 장군의 지휘 아래 수십 개의 화살이 한꺼번에 로켓처럼 발사되는 '신기전'과 '화차' 등 조선의 새로운 무기를 앞세워 적의 공격을 막아 냈어요.

전투가 끝나갈 무렵, 화살이 모두 떨어지자 성 안에 있던 백성들과 함께 투석전을 펼치기도 했지요. 그때 여자들은 짧게 자른 치마에 큰 돌멩이를 여러 개씩 담아 나르며 조선 군인들에게 큰 도움을 주었다고 해요. 결국 일본군은 큰 피해를 입은 채 싸움을 포기하고 물러났어요. 그리고 '행주대첩'을 조선의 승리로 이끈 권율은 나라를 구한 훌륭한 장군 중 한 명으로 인정받았어요.

전쟁이 끝난 후부터 행주산성에서 여자들이 돌을 나르는 데 이용했던 것처럼 짧게 자른 치마를 가리켜 성의 이름을 따라 '행주치마'라고 불렀다는 이야기가 전해지고 있지만 확실한 근거는 없어요.

사실 행주치마는 임진왜란이 일어나기 전부터 이미 사용했던 말이라고 해요. 그러니 행주치마의 '행주'가 '행주산성'에서 처음으로 나온 말은 아니랍니다.

 **투석전** 돌을 던져 공격하는 싸움.

投	石	戰
던지다 **투**	돌 **석**	싸움, 전쟁 **전**

임진왜란 3대첩

임진왜란은 임진년인 1592년에 일어났다. 그 후 잠시 전쟁이 중단되었다가 정유년인 1597년, 일본군이 다시 조선을 침략하면서 전쟁이 이어지게 되었다. 1년이 지난 1598년, 일본군이 완전히 물러나면서 전쟁은 끝이 났다.

일반적으로 임진년에 일어난 임진왜란과 정유년에 다시 일어난 정유재란의 총 7년 동안의 전쟁을 합쳐 '임진왜란'이라고 한다. 그리고 당시 수많은 싸움 중에서 조선 군인들이 불리한 상황을 극복하고 일본군에 맞서 크게 승리한 3개 전투를 가리켜 '임진왜란 3대첩'이라고 한다.

이순신 장군이 바다에서 크게 승리한 '한산도대첩'과 행주산성에서 벌어진 권율 장군의 '행주대첩' 그리고 진주성을 지켜 낸 김시민 장군의 '진주대첩'이 바로 '임진왜란 3대첩'에 해당한다.

번쩍번쩍 홍길동

　조선 시대 문신이자 작가였던 허균이 쓴 이야기책 《홍길동전》에 등장하는 주인공 홍길동은 구름을 타고 날아다니거나 순식간에 다른 곳으로 이동하는 등 여러 가지 도술을 부릴 줄 아는 특별한 사람이에요.

　하지만 홍길동은 어머니의 신분이 낮다는 이유로 양반이었던 아버지를 '아버지'라고 부르지 못하고 벼슬에도 오르지 못하는 등 여러 가지 차별을 받았어요. 결국 홍길동은 집을 떠나 도둑 무리를 이끄는 대장이 되었어요. 그리고 부잣집에서 훔친 물건을 가난한 백성들에게 나눠 주거나 도술로 조선을 침략한 외적을 물리치는 등 보통 사람이 하기 힘든 일들을 해낸 후 조선을 떠나 율도국이라는 나라의 왕이 되지요.

　그런데 홍길동은 이야기책 속에서만 등장하는 사람이 아니라 실제로 조선을 떠들썩하게 했던 도둑이었어요.

　실제로 홍길동은 연산군이 조선의 왕이었을 때 충청도 지방을 중심으로 도둑 무리를 이끌었던 우두머리였어요. 《조선왕조실록》이라는 역사책에도 홍길동에 대한 기록이 여러 번 나와 있어요. 당시 홍길동은 높은 양반 관리인 것처럼 옷을 차려입고 다니며 다른 사람을 속여 도둑질을 하거나 대낮에도 무기를 든 여러 명의 부하들을 데리고 당당하게 거리를 돌아다녔다고 해요.

　진짜 홍길동은 비록 허균이 지어낸 이야기 속의 주인공처럼 신비한 도술을 부리지는

못했지만 역사책에 기록될 정도로 조선의 유명한 도둑이었던 것은 사실이에요.

홍길동은 요즘에도 드라마나 영화, 뮤지컬 속 주인공으로 등장해 사람들에게 통쾌하고 재미있는 이야기를 전해 주기도 한답니다.

 도를 닦아 여러 가지 신통한 재주를 부림.

道	術
재주 도	방법, 꾀 술

의적 임꺽정

임꺽정은 홍길동과 더불어 조선의 유명한 도둑 중 한 사람이에요. 임꺽정은 원래 조선 시대 가장 낮은 신분에 속했던 백정이었어요. '백정'은 소, 돼지 같은 짐승을 잡고 손질하는 사람을 일컫는 말이에요.

그런데 조선 시대 때 임꺽정이 살았던 황해도는 나랏일을 보는 관리들이 백성들

에게 곡식이나 재물을 강제로 걷는 일이 많았어요. 농사가 잘 안 되는 흉년이라도 드는 해에는 관리에게 곡식을 바치고 나면 백성들에게 남는 것은 아무것도 없었지요. 아무리 열심히 농사를 지어도 먹고 살기가 힘든 백성들은 차라리 도둑이 되는 편이 낫다고 생각할 정도였어요.

임꺽정은 신분이 낮다는 이유로 양반들에게 함부로 무시당하거나 이유 없이 곡식을 빼앗겨 가난해진 백성들을 모아 도둑질을 계획했어요.

그런데 그는 보통의 도둑들과는 좀 달랐어요. 주로 양반 관리들이 머물고 있는 관청의 창고를 털어 가난한 백성들에게 곡식을 나눠 주곤 했어요.

백성들은 그런 임꺽정을 가리켜 '정의로운 도둑'이라는 뜻으로 '의적'이라 부르기도 했지요.

임꺽정의 의적 행동이 더 활발해지자 나라에서는 임꺽정을 잡는 사람에게 큰 상금을 내리기로 결정했어요. 그 바람에 당시 엉뚱한 사람을 잡고는 진짜 임꺽정을 잡았다고 거짓말하는 사람들도 많았다고 해요.

임꺽정은 결국 나라에서 보낸 군인들에게 잡혀 세상을 어지럽히고 도둑질을 일삼은 죄로 벌을 받아 죽고 말았어요. 하지만 백성들 사이에서는 오래도록 의적으로 기억되었지요.

그런데 정말 임꺽정을 누고 가난한 백성들을 위해 용감히 행동한 정의로운 사람으로 평가하는 것이 옳을까요? 아니면 남의 물건을 훔친 대가로 벌을 받아 마땅한 도둑일 뿐인가요? 여러분은 어떻게 생각하나요?

의적 옳은 일을 하는 도둑.

義	賊
옳다, 바르다 의	도둑 적

대쪽 같은 삼학사

'대쪽'은 대나무 조각을 뜻해요. 그리고 '대쪽같다.'라는 말은 자신이 옳다고 생각하는 것은 어떤 경우에도 뜻을 굽히지 않는 성격을 가리키지요.

조선의 신하였던 홍익한, 윤집, 오달제를 가리켜 세 명의 학사 즉, '삼학사'라고 하는데 세 명 모두 '대쪽 같은' 사람들이었지요.

임진왜란이 끝나고 병자년에 해당하는 1636년, 이번에는 중국의 만주족이 세운 '청나라'가 조선을 침략했어요. 이 전쟁을 '병자호란'이라고 해요.

당시 조선의 왕이었던 인조는 '남한산성'으로 몸을 피했지만 곧 청나라 군대가 남한산성을 포위하며 항복을 요구했어요.

그런데 남한산성 안에서 인조와 함께 머물고 있던 신하들끼리 의견 충돌이 일어났어요.

한쪽은 일단 청나라와 화해하는 것이 더 큰 어려움을 겪는 것보다 낫다고 주장했어요.

반면 다른 한쪽은 무슨 일이 있더라도 절대 오랑캐에게 항복할 수는 없다면서 끝까지 청나라와 싸워야 한다고 주장했지요. '오랑캐'란 당시 조선 사람들이 청나라를 세운 만주족을 무시하며 얕잡아 부르던 말이에요. 홍익한, 윤집, 오달제는 청나라와 끝까지 싸워야 한다고 주장하는 쪽이었어요.

하지만 맞서 싸우기에는 청나라 군대의 힘이 너무 강했어요. 결국 인조가 청나라 왕에게 직접 항복하면서 전쟁은 끝이 났어요. 그리고 삼학사는 병자호란이 끝난 후 많은 신하들과 함께 청나라로 끌려가는 신세가 되었어요.

　삼학사는 청나라에 잡혀 있으면서도 청나라를 반대한다는 주장을 끝까지 굽히지 않았어요. 결국 대쪽 같았던 세 사람은 조선으로 돌아오지 못하고 그곳에서 죽임을 당하고 말았답니다.

 조선 시대 때 학사라는 벼슬을 가진 세 명의 신하.

三	學	士
셋 삼	배우다, 학문 학	선비 사

 병자년(1636년)에 청나라가 일으킨 전쟁.

丙	子	胡	亂
남녘 병	아들 자	오랑캐 호	난리, 전쟁 란

어사 박문수

'어사'는 조선 시대 때 왕의 명령을 받고 특별한 일을 처리하던 벼슬 이름이에요. 특히 신분을 속이기 위해 일부러 낡은 옷차림을 하고 다니며 몰래 관리들의 잘못을 파헤치고 벌을 내리는 어사를 가리켜 '암행어사'라고도 하지요.

평소 잘못을 저지른 관리들에게 암행어사는 이름만으로도 두려운 존재였어요. 반면 못된 관리들 때문에 고통받는 백성들은 어디선가 갑자기 나타나 속 시원히 문제를 해결해 주는 암행어사가 고마울 따름이었지요.

사람들은 박문수가 조선 시대 억울한 백성들을 위해 많은 활약을 한 암행어사였다고 알고 있어요. 실제로 박문수는 조선 시대의 어사로서 지방의 못된 양반들을 다스리거나 가난한 백성들에게 곡식을 나눠 주는 등 좋은 일을 했다는 기록이 남아 있어요.

하지만 박문수가 어사 중에서도 왕의 명령을 받아 몰래 움직이는 암행어사였는지는 확실하지 않아요. 아마도 공평하고 지혜롭게 문제를 해결하는 그의 모습을 본 백성들이 박문수 같은 어사가 많이 있었으면 하고 바랐겠지요. 이와 같은 백성들의 소망이 모여 언제나 억울한 사람 편에서 사건을 해결해 주는 암행어사 이야기들이 만들어져 사람들의 입에서 입으로 퍼져 나간 것으로 추측할 수 있어요. 그리고 마치 이야기가 사실인 것처럼 보이기 위해 박문수라는 이름을 붙였을 수도 있지요.

조선 시대 이름이 알려지지 않은 누군가는 당시 백성들 사이에서 전해지고 있는 암행어사 이야기 중 몇 가지를 모아 《박문수전》이라는 이야기책을 펴내기도 했답니다.

혹시 진짜 박문수도 살아 있는 동안 자신이 주인공으로 등장해 암행어사로 활약하는 여러 가지 이야기를 들어 본 적이 있지 않을까요?

암행어사 조선 시대 때 왕의 명령으로 지방의 정치를 몰래 살피던 벼슬아치.

暗	行	御	史
몰래 암	가다, 행동하다 행	다스리다 어	벼슬 사

삼 년 공부
한석봉

한석봉은 조선 시대 서예가예요. 서예가란 붓글씨를 전문적으로 잘 쓰는 사람을 말해요. 한석봉의 원래 이름은 '한호'인데 '석봉'이라는 호로 더 잘 알려져 있어요. 한석봉의 글씨는 지금까지도 많은 사람들에게 조선 최고의 명필로 인정받고 있어요. 당시 조선의 왕이었던 선조는 한석봉이 쓴 글씨를 보고 매우 칭찬하며 여러 번 선물을 내리기도 했대요.

그런데 한석봉의 뛰어난 글씨 뒤에는 어머니의 큰 가르침이 있었다는 이야기가 전해지고 있어요.

한석봉의 어머니는 남편이 세상을 떠난 후 떡 장사를 해서 자식들을 길렀어요. 또한 가난한 살림에도 불구하고 어릴 때부터 글씨 쓰는 재주가 남달랐던 한석봉에게 좋은 스승을 만나 가르침을 받을 수 있도록 뒷바라지를 했지요.

한석봉이 스승에게 글씨를 배우러 떠난 지 3년 정도가 지난 어느 날, 그는 더 이상 배울 게 없다는 자신감을 가지고 집으로 돌아왔어요. 그런데 한석봉의 어머니는 오랜만에 집으로 온 아들을 차갑게 대하며 말했어요.

"네가 더 이상 배울 게 없다고 했으니 나와 내기를 해 보자꾸나. 방 안의 불을 끈 후 나는 떡을 썰 테니, 너는 붓글씨를 쓰도록 해라."

"어머님, 그게 무슨 말씀이십니까?"

한석봉은 어머니가 하는 말의 뜻을 쉽게 이해하지 못했어요.

"네가 그토록 배움에 자신이 있다고 하니 내가 썬 떡과 네가 쓴 글씨를 비교해서 누구의 것이 더 흐트러짐 없이 바른 모양을 가지고 있는지 보자꾸나."

한석봉은 할 수 없이 어두운 방 안에서 붓글씨를 썼어요. 시간이 흐른 뒤 다시 방 안에 촛불이 켜졌어요. 과연 결과는 어땠을까요?

평생 떡을 썰어 온 어머니의 솜씨는 정말 대단했어요. 어머니가 썬 떡은 굵기가 한결같고 모양도 가지런했지요. 하지만 한석봉이 어둠 속에서 쓴 붓글씨는 모양도 삐뚤빼뚤 바르지 않고 크기도 제각각이었어요.

어머니의 가르침으로 자신의 실력이 아직 부족하다는 것을 깨닫게 된 한석봉은 크게 뉘우쳤어요. 그리고 다시 몇 년 동안 붓글씨와 배움에 힘쓴 결과 조선을 대표 하는 유명한 서예가가 되었답니다.

서예가 붓글씨를 전문적으로 쓰는 사람.

書	藝	家
글씨 글 서	재주 예	전문가 가

명필 매우 잘 쓴 글씨.

名	筆
이름난, 유명한 명	붓, 글씨 필

단원 풍속도

'단원'은 조선을 대표하는 화가 김홍도의 호예요. '단원(檀園)'은 '박달나무 동산'이라는 뜻으로 중국 명나라의 유명한 화가 이유방의 호이기도 하지요. 김홍도는 평소 존경하는 화가 이유방의 호를 가져다 스스로 자신의 것으로 삼았다고 해요.

김홍도는 양반보다 낮지만 평민보다는 높은 중인 신분의 집안에서 태어났어요. 조선 시대 궁궐에 들어가 그림을 그렸던 화가들은 대부분 중인 신분이었어요. 어려서부터 그림 솜씨가 뛰어났던 김홍도는 20세가 되기도 전에 궁궐 화가로 뽑혔어요. 그리고 얼마 후, 왕의 초상화를 그리거나 궁궐에서 열린 행사를 하나하나 그림으로 남기는 일을 맡는 등 궁궐 최고의 화가로 인정받았지요.

세손 시절부터 김홍도의 그림 솜씨를 눈여겨본 조선의 스물두 번째 왕 정조는 자신이 왕이 되고 난 후로는 김홍도를 더욱 아껴 중인 신분으로는 드물게 높은 벼슬까지 내려 주었다고 해요.

지금까지 전해지는 김홍도의 그림은 300여 점 정도라고 해요. 수많은 김홍도의 그림 중에서도 가장 유명한 작품은 여러 점의 '풍속도'라고 할 수 있어요. '풍속도'는 그 시대 사람들의 일상적인 생활 모습을 그린 그림을 말해요. 김홍도는 '대장간', '우물가', '서당', '씨름' 등의 모습을 그린 22첩의 풍속도를 《단원풍속도첩》이라는 책으로 남겼어요. 가만히 들여다보고 있으면 저절로 웃음이 나올 정도로 김홍도의 풍속도 속에는 조선 시대 양반과 평민, 여자와 아이들의 모습이 재미있고 실감나게 그려져 있답니다.

세손 다음 왕이 될 세자의 맏아들.

世	孫
대를 잇다 세	자손 손

풍속도 그 당시 사람들의 생활 모습을 그린 그림.

風	俗	圖
유행 풍	풍속, 관습, 생활 습관 속	그림 도

김홍도의 대표적인 풍속도

〈서당〉 　　　〈씨름〉

©김홍도, 한국저작권위원회 공유마당

방랑 시인 김삿갓

　조선 시대에 전국 방방곡곡을 방랑하며 시를 지었다는 시인 김삿갓의 진짜 이름은 김병연이에요. 하지만 이름보다는 '김삿갓'이라는 별명으로 더 유명하지요. '삿갓'은 갈대나 대나무 조각을 이어 붙여 만든 우산 모양의 물건인데 옛날 사람들이 비나 햇볕을 가리기 위해 썼던 일종의 모자예요.

　김삿갓은 원래 양반 집안에서 태어났지만 그의 할아버지 때 양반 신분을 잃게 되었다고 해요.

　당시 너무 많은 세금을 내야 하는 현실에 불만을 품은 농민들이 참다못해 평소 자신들을 괴롭히던 양반 집에 불을 지르거나 나랏일을 맡아 보는 관청을 공격하는 일이 자주 일어났어요. 지방 관리였던 김삿갓의 할아버지 김익순은 그때 관청을 공격한 농민들에게 항복했다는 이유로 나라에서 벼슬은 물론 양반 신분도 빼앗아 버렸지요. 가족들도 함께 벌을 받아 죽거나 뿔뿔이 흩어지게 되었어요.

　어린 김삿갓은 자신의 집안 사정을 모른 채 다른 사람 집에서 자랐어요. 어른이 된 후 김삿갓은 뛰어난 글짓기 실력을 바탕으로 과거 시험에 도전했어요. 그리고 예전에 김익순이 농민들의 공격에 항복한 것은 관리로서 매우 큰 잘못이라는 내용의 글을 써서 좋은 성적으로 시험에 통과했지요.

　그런데 얼마 후 김삿갓은 과거 시험에서 그가 비판한 관리 김익순이 사실은 친할

아버지였다는 것과 자신이 그때 양반 신분을 빼앗긴 집안의 자손이란 것을 알고 큰 충격을 받았어요. 그때부터 김삿갓은 벼슬을 포기하고 자신은 감히 하늘을 볼 수 없는 죄인이라며 삿갓을 쓴 채 평생 동안 여기저기 떠돌아다니기 시작했어요. 그리고 자연과 인간에 대해 노래한 180편의 시를 남기고 세상을 떠났답니다.

방랑 정한 곳 없이 떠돌아다님.

放	浪
놓다, 놓이다 **방**	마구, 함부로 **랑**

시인 시를 쓰는 사람.

詩	人
시, 시를 쓰다 **시**	사람 **인**

지도
김정호

김정호는 조선 시대에 〈대동여지도〉를 만든 사람이에요. 그는 어렸을 때부터 그동안 전해 내려오는 지도와 지리책을 구해서 읽거나 지도 만드는 방법을 연구하고 토론하는 것을 좋아했어요.

우리나라는 삼국 시대부터 지도를 만드는 기술이 발달한 나라였어요. 〈대동여지도〉가 완성되기 전에도 매우 다양한 지도와 지리책이 있었지요.

하지만 김정호는 조선 사람들이 사용하기에 좀 더 편리하고 보기만 해도 세상을 훤히 알 수 있도록 도와주는 그런 지도를 만들고 싶은 꿈이 있었어요. 김정호는 그동안 전해진 여러 개의 조선 지도와 지리책을 바탕으로 부족한 자료는 다시 찾아 보태며 열심히 연구한 끝에 1861년, 〈대동여지도〉라는 걸작을 완성하게 되었어요.

그런데 〈대동여지도〉는 한 장짜리 지도가 아니라 모두 22권으로 된 책이에요. 접혀 있는 책을 가로로 펼친 후 한 권씩 아래로 이으면 북쪽 함경도부터 남쪽 제주도까지 우리나라를 자세하게 보여 주는 지도가 되는 거예요. 22권의 책을 모두 펼친 지도의 크기만 해도 가로 3.8m, 세로 6.7m로 건물 3층 높이나 되지요. 22권의 지도 중에서 내가 필요한 곳의 지도만 골라 책처럼 접어서 가지고 다닐 수 있으니 매우 편리했어요. 또한 나무판에 지도 내용을 모두 조각해 두었기 때문에 일일이 종이에 그리지 않고도 필요한 만큼 지도를 찍어 낼 수 있었어요.

〈대동여지도〉는 교통수단이 발달하지 않았던 당시 먼 거리를 이동하는 사람들을 위해 정확한 거리는 물론 산의 크기와 높이, 배가 다니는 물길과 다니지 않는 물길도 구분해 줄 정도로 자세한 내용을 담고 있답니다.

지도 땅 위에 있는 여러 가지를 평면에 나타낸 그림.

地	圖
땅 **지**	그림 **도**

걸작 매우 훌륭한 작품.

傑	作
뛰어나다 **걸**	짓다, 만들다 **작**

대동여지도 ©국립중앙박물관

영조대왕 신문고

조선의 스물한 번째 왕인 영조는 1724년부터 52년 동안이나 왕의 자리를 지켰어요. 왕으로 지낸 기간이 길었던 만큼 백성을 위해 많은 노력을 한 왕이기도 해요.

당시 양반들이 개인적으로 신분이 낮은 사람을 데려다 벌을 내리는 일이 자주 일어나자 이를 막기 위해 불에 달군 쇠로 몸을 태우거나 얼굴에 글자를 새기는 등의 지나치게 잔인한 형벌을 아예 금지했어요. 또한 세금을 줄여 백성들의 부담을 덜어 주기도 했지요.

영조는 '신문고'를 부활시켜 백성들의 소리에 귀를 기울이려는 노력도 했어요. '신문고'는 억울한 일을 겪은 사람이 직접 칠 수 있도록 궁궐 밖에 세워 둔 북이에요. 북 소리가 울리면 왕이 직접 억울한 사연을 듣고 해결해 주려는 목적으로 만든 것이지요.

신문고는 조선의 세 번째 왕인 태종 때 처음 만들었는데 당시 너무 많은 사람들이 시도 때도 없이 북을 울린다는 이유로 함부로 북을 친 사람은 벌을 받기도 했대요. 그 후로 북을 칠 수 있는 경우를 자식이 부모를 위하는 일이나 아내가 남편을 위하는 일, 노비가 주인을 위하는 일 등 몇 가지로 엄격하게 정해 놓자 실제로 신문고를 이용하는 사람은 몇 명밖에 되지 않았어요.

조선의 열 번째 왕이었던 연산군 때는 신문고를 아예 없애 버렸어요. 그 후 200

년이 훨씬 넘도록 사라졌던 신문고가 영조 때 다시 만들어진 것이지요. 없애 버렸던 신문고를 다시 설치한 것은 백성들의 소리 하나에도 직접 귀를 기울이고자 했던 영조의 마음이 담긴 결정이었어요. 하지만 한양 궁궐에 딱 하나뿐이었던 신문고를 수많은 조선의 백성들이 편하게 이용하기는 여전히 쉽지 않았답니다.

만약 요즘에도 신문고가 있다면 여러분은 어떤 사연을 가지고 신문고를 두드리고 싶은가요?

정조
규장각

영조의 둘째 아들이었던 사도세자는 여러 가지 문제로 왕이었던 아버지와 대립하던 중 왕의 명령으로 쌀을 보관하는 뒤주에 갇히는 벌을 받아 죽고 말았어요.

사도세자가 왕이 되지 못한 채 세상을 떠나는 바람에 그의 아들인 정조가 1776년, 영조의 뒤를 이어 조선의 스물두 번째 왕이 되었어요. 정조는 아버지 사도세자의 불행한 죽음을 극복하고 조선의 발전을 위해 많은 노력을 했지요.

정조의 지시로 궁궐 안에 지어진 건물이 바로 '규장각'이에요. '규장'이란 임금이 쓴 글이나 글씨를 가리키는 말로 정조는 그동안 조선의 왕들이 써 놓은 글이나 글씨는 물론 나라 안팎에서 모은 중요한 책들을 모두 규장각에 보관하도록 했어요. 이렇게 규장각은 궁궐의 도서관 역할을 하던 곳이었어요.

그런데 나중에는 규장각의 규모가 점차 커져 조선의 젊은 인재들을 따로 모아 교육하거나 능력 있는 학자들이 여러 분야에 대해 전문적으로 연구할 수 있는 곳으로 발전했어요.

정조는 규장각에 모인 젊은 학자들과 토론을 하거나 직접 시험 문제를 출제하고 채점도 하며 자신을 도와 나라를 위해 힘쓸 인재를 기르는 데 정성을 쏟았어요.

실제로 규장각에서 교육받은 여러 사람들은 나중에 학자와 관리로서 조선의 발전에 큰 역할을 하기도 했어요. 조선 후기를 대표하는 학자 정약용도 정조 때 규장각에 머물며 공부하던 신하 중 한 사람이었지요.

현재 창덕궁에는 규장각의 여러 건물 중 일부만 남아 있어요. 그 대신 서울대학교에 '규장각'이라는 같은 이름의 건물을 지어 원래 창덕궁 규장각에 있던 책들을 옮겨 보관하고 있답니다.

도서관 온갖 책과 기록 등을 모아 놓고 볼 수 있도록 한 장소.

圖	書	館
책 그림 도	책 글 서	건물 관

인재 어떤 일을 잘할 수 있는 지식과 재주를 가진 사람.

人	材
사람 인	재목, 재능 재

목민심서
정약용

정약용은 정조가 조선의 왕이었을 때 가장 가까이서 정조를 돕고 여러 가지 활동을 했던 문신이자 학자예요. 그는 다른 관리들은 별로 관심을 두지 않았던 건축, 지리, 과학 등에도 많은 지식을 가지고 있었어요. 그리고 거중기 같은 기구를 만들어 수원에 화성을 세울 때도 큰 역할을 했어요.

정약용은 학자로서 500권이 넘는 책을 남긴 것으로도 유명해요. 그중 《목민심서》는 정약용이 쓴 대표적인 책이에요.

그런데 정약용이 이렇게 많은 책을 쓸 수 있었던 이유는 바로 오랜 유배 생활 때문이기도 해요. '유배'란 죄를 지은 사람을 시골이나 섬으로 보내 정해진 기간 동안 그곳에만 머물게 하는 벌로 다른 말로는 '귀양'이라고도 해요.

정약용을 믿고 아끼던 정조가 갑자기 병으로 세상을 떠난 후 정약용은 당시 나라에서 금지했던 천주교를 믿는다는 이유로 18년 동안이나 벼슬을 빼앗기고 유배를 가게 되었어요. 정약용은 힘든 유배 생활 중에도 자신의 생각을 정리해 여러 권의 책을 쓰기 시작했어요.

《목민심서》는 당시 '목민관'이라 불리던 각 지방을 다스리는 관리들이 가져야 할 마음과 자세에 대해 쓴 책이에요. 정약용은 《목민심서》에서 자신의 이익만 챙기는 관리들을 날카롭게 비판하며, 목민관은 백성을 진심으로 걱정하고 사랑하는 마음을 가져야 한다고 주장했어요. 정약용의 이러한 생각은 200년이 지난 지금도 많은 교훈을 주고 있답니다.

 정약용이 지은 책 제목. 지방 관리인 목민관이 가져야 할 마음에 대해 쓴 책.

牧	民	心	書
다스리다 목	백성 민	마음, 뜻 심	책 글 서

거중기

정약용은 수원 화성을 쌓는 데 좋은 방법을 한번 생각해 보라는 정조의 명을 받아 중국에서 들여온 책을 참고하여 거중기를 개발하였다. 도드래의 원리를 이용해 무거운 것을 쉽게 들 수 있도록 만들어진 거중기는 수원 화성을 쌓을 때 정약용의 설계에 따라 왕실에서 직접 제작하여 공사 현장에 내려 보냈다는 기록이 있다.

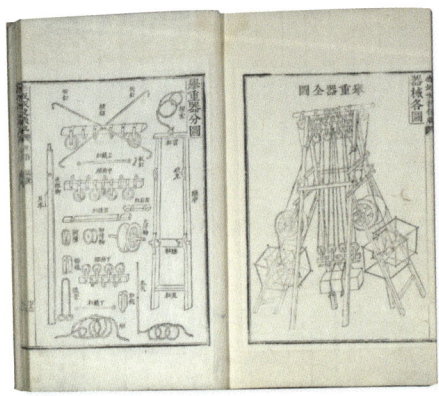

수원 화성을 쌓을 때 사용한
거중기 전도가 그려진 《화성성역의궤》
ⓒ국립중앙박물관

실물 크기로 재현해 놓은 거중기
ⓒTOPIC IMAGE

녹두 장군 전봉준

콩의 한 종류인 녹두는 다른 콩에 비해서 크기가 매우 작아요. 그래서 옛날부터 몸집이 작은 사람을 가리켜 '녹두 같다.'라고도 했어요. 전봉준을 가리켜 사람들이 녹두 장군이라고 부른 이유도 전봉준의 키가 작았기 때문이라고 해요.

조선 시대가 끝나갈 무렵, 지방을 다스리는 관리들 중에는 백성들을 돌보기는커녕 오히려 괴롭히는 사람들이 있었어요. 그들은 백성들에게 터무니없이 많은 세금을 내라고 강요한 후 자신들이 가로채기도 했지요. 이런 관리를 가리켜 '탐관오리'라고도 하는데 대표적인 사람이 전라북도 고부 지방을 다스리던 관리 조병갑이었어요.

조병갑의 횡포에 억울함을 드러내는 고부 농민들은 오히려 감옥에 갇히거나 매를 맞는 벌을 받기도 했어요. 전봉준의 아버지도 조병갑이 잘못을 따지는 일에 앞장서다 결국 감옥에서 매를 맞아 죽고 말았지요.

아버지가 죽고 난 후 전봉준은 조병갑의 횡포를 더 이상 그냥 내버려 둘 수 없었어요. 1894년, 전봉준은 뜻을 같이하는 사람들과 함께 낫과 창 같은 무기를 들고 조병갑이 머물고 있던 관청으로 쳐들어갔어요. 미리 소식을 듣고 겁을 먹은 조병갑은 도망을 쳤고, 전봉준은 창고에 쌓여 있던 곡식을 생활이 어려운 농민들에게 나누어 주었어요.

당시 전봉준을 비롯해 여러 농민들은 '동학'이라는 종교를 믿고 있었어요. 동학은 조선 후기 '최제우'라는 사람이 '사람이 곧 하늘이다.'라는 믿음으로, 신분에 상관없이 모든 사람들이 평등하게 살아가는 세상을 바라며 만든 우리나라 종교예요.

　전봉준은 조병갑을 혼내 주는 일에 그치지 않고 이번 기회에 잘못된 나라를 바로 잡자며 동학을 믿는 농민들과 더 크게 힘을 합쳐 행동을 일으켰어요. 이를 가리켜 '동학 농민 운동'이라고 해요. 나라에서는 군인들을 보내 전봉준과 동학 농민들을 잡으려 했어요. 심지어 중국 청나라와 일본까지 군대를 보내 동학 농민 운동을 막고 조선의 정치를 간섭하려 했지만 농민들은 쉽게 꺾이지 않았어요.

　전봉준과 동학 농민들은 한때 전라도 지역을 직접 다스리기도 하고 조선을 간섭하려는 일본군에 맞서 싸우기도 했어요. 하지만 나라에서 보낸 군인과 일본군의 힘에 밀린 농민들은 결국 흩어지게 되었고 전봉준도 끝내 붙잡혀 일본군에게 넘겨진 후 죽고 말았어요. 전봉준은 죽기 전에 '백성을 사랑하고 나라를 사랑한 것은 잘못이 아니다.'라는 내용의 시를 썼다고 해요.

　'작은 고추가 맵다.'라는 말이 있듯이 비록 키는 작았지만 전봉준은 고통받는 농민과 위태로운 나라를 위해 당당하게 앞장섰던 큰 사람이었답니다.

탐관오리 백성의 재물을 탐내고 빼앗는 관리.

貪	官	汚	吏
탐하다 **탐**	벼슬 **관**	너럽다 **오**	벼슬아치 **리**

횡포 제멋대로 굴며 몹시 난폭함.

橫	暴
제멋대로 **횡**	사납다 **포**

녹두 장군 전봉준을 위한 민요 '새야 새야 파랑새야'

예전부터 사람들 사이에 전해 내려오는 노래를 '민요'라고 한다.
특히 조선 말기부터 우리나라 아이들이 동요처럼 따라 불렀던 노래 중에 '새야 새야 파랑새야 녹두밭에 앉지 마라, 녹두꽃이 떨어지면 청포 장수 울고 간다.'라는 노랫말을 가진 것이 있다. 그런데 이 노래는 동학 농민 운동을 이끌었던 전봉준을 기억하며 부르기 시작한 것으로 알려져 있다.
이런 이유로 노랫말 중에 녹두꽃을 떨어뜨리려 하는 '파랑새'는 당시 동학 농민 운동을 방해했던 '일본군'을, '녹두꽃'은 녹두 장군이라는 별명을 가진 '전봉준'을, 그리고 청포 장수는 조선의 백성을 뜻하는 것으로 보기도 한다.

순교 김대건

김대건은 우리나라 최초의 천주교 신부예요. 천주교는 예수님의 가르침을 믿고 따르는 종교로 우리나라에는 조선 시대 후기에 전해졌지요. 교회의 목사, 불교의 승려처럼 천주교에서 종교적인 일을 맡은 성직자를 가리켜 '신부'라고 해요.

우리나라에 처음 천주교가 전해진 것은 책을 통해서였어요. 그래서 당시에는 천주교를 종교라기보다 '서양에서 들어온 새로운 학문'이라고 생각해 '서학'이라고 부르기도 했지요.

조선의 학자들이나 학문에 호기심이 많은 양반들은 그동안 접해 보지 못했던 서학에 관심을 가지게 되었고 자연스럽게 종교로 받아들이기 시작한 사람들이 하나 둘 생겨났어요.

그런데 나라에서는 조선의 전통과 질서를 어지럽힌다는 이유로 서학을 금지하고 심한 경우 천주교를 믿는 사람들의 목숨을 빼앗기도 하며 박해했어요.

김대건의 할아버지와 아버지도 천주교를 믿는다는 이유로 결국 죽임을 당했어요. 이렇게 나라는 여전히 엄격하게 천주교를 금지했지만 김대건은 중국으로 건너가 신부가 되기 위한 공부를 이어 갔고, 마침내 1845년에 우리나라 최초로 신부 자격을 갖게 되었어요.

조선으로 돌아온 그는 나라의 감시를 피해 천주교를 더 알리기 위해 노력했어요. 하지만 천주교를 전파하기 위해 조선으로 들어오려고 했던 프랑스 신부를 돕던 중 관리들에게 붙잡혀 목이 잘리는 벌을 받고 25세의 나이에 죽고 말았어요. 이처럼 끝까지 자신이 믿는 종교를 지키려다 죽는 일을 '순교'라고 해요.

김대건 신부와 수많은 천주교인이 순교한 후에도 조선은 천주교를 한동안 금지했어요. 하지만 시간이 흐르고 역사가 바뀌어 지금 우리나라는 누구나 종교의 자유를 가질 수 있게 되었답니다.

서화가무 황진이

'송도'는 '개성'의 옛 이름으로 고려 시대에 수도로 정해졌던 곳이에요. 지금은 북한에 속해 있는 도시로 '개경'으로 이름이 바뀌었지요.

그런데 예로부터 송도의 가장 유명한 세 가지라는 뜻의 '송도삼절'이라는 말이 전해지고 있어요. 송도삼절은 아름답기로 소문난 송도의 '박연폭포', 평생 동안 벼슬을 멀리하고 스스로 깨달음을 얻기 위해 공부에만 힘썼다는 조선의 학자 '서경덕', 그리고 송도에서 가장 유명한 기생이었던 '황진이'예요.

'서화가무'는 글, 그림, 노래, 춤을 가리키는 말로 황진이는 이 모든 것에 뛰어난 재주를 가지고 있었다고 해요. 특히 황진이가 지은 것으로 알려진 여러 편의 시조는 지금도 중·고등학교 교과서에 실릴 만큼 문학적으로 높은 평가를 받기도 하지요.

황진이가 언제 태어나고 죽었는지는 정확한 기록이 남아 있지 않아요. 하지만 전해지는 여러 가지 기록을 살펴보았을 때 황진이는 양반이었던 아버지와 신분이 낮은 천민 어머니 사이에서 태어난 것으로 짐작할 수 있어요. 조선 시대 때는 어머니의 신분이 자식에게 물려졌기 때문에 황진이도 천민에 속하는 기생이 되었어요. 기생은 춤이나 악기 연주를 전문적으로 배워 잔치 때 흥을 돋우는 일을 주로 했어요.

하지만 황진이는 기생 신분인데도 개성을 오고 가는 양반들에게 인정을 받을 만큼 글짓기 실력 또한 매우 뛰어났다고 해요. 당시 많은 사람의 존경을 받는 학자였던

서경덕이 황진이의 글솜씨를 인정하여 제자로 삼았다는 이야기도 있지요.

비록 천민 출신의 기생이었지만 여러 가지 재능을 숨김없이 발휘하며 자신을 빛낸 황진이의 모습은 지금까지 많은 드라마와 영화, 책 등 다양한 이야기로 다시 만들어지고 있답니다.

삼절 뛰어난 세 가지.

三	絶
셋 삼	뛰어나다, 으뜸 절

서화가무 글씨, 그림, 노래, 춤.

書	畵	歌	舞
글 서	그림 화	노래 가	무용, 춤 무

못살겠다 홍경래

여러분은 평소 "못살겠다!"라고 소리쳐 본 적이 있나요? 혹시 해야 할 공부나 숙제가 너무 많아 힘들 때 "못살겠다!"라고 하지는 않나요?

조선 시대 말기였던 1811년, 평안도에 살던 백성들이 모여 "못살겠다!"고 소리치며 나라를 뒤흔든 일이 일어났어요. 이렇게 같은 주장을 하는 사람들이 모여 벌 떼처럼 들고 일어나는 것을 '봉기'라고 하는데 당시 평안도의 농민 봉기를 이끈 사람이 바로 홍경래이지요.

평안도 농민들이 하늘을 찌를 듯 화가 난 것은 차별과 잘못된 정치 때문이었어요.

조선은 전국을 여덟 개의 도로 나누어 다스렸는데 높은 벼슬을 가진 관리들 중에는 평안도가 고향인 사람이 드물었어요. 그러다 보니 평안도 사람들은 다른 지역에 비해 차별을 느끼게 되었고 실제로 평안도 사람들을 얕보는 양반들도 많았다고 해요. 또한 조선 말기에 이르러서는 몇몇 양반 집안에서 힘을 쥔 채 나라를 제멋대로 다스리기 시작했어요. 그러자 여기저기에서 옳지 못한 일들도 자주 일어났고 그 피해는 고스란히 힘없고 가난한 백성들에게 돌아갔어요.

홍경래는 평소 자신과 비슷한 생각을 가지고 있던 여러 사람을 모아 농민들과 함께 드디어 봉기를 일으켰어요.

홍경래와 농민들의 봉기는 4개월 동안이나 이어졌지만 결국 나라에서 보낸 군인들이 당시 농민들이 모여 있던 정주성을 폭파하면서 끝이 났어요. 이때 홍경래도 붙잡혀 죽고 말았지요. 하지만 이후에도 잘못된 나라를 바로잡고 좋은 세상을 만들기 위한 농민들의 봉기는 전국 곳곳에서 이어졌어요. 이때 농민들 사이에서는 홍경래가 죽지 않고 아직 살아 있다는 소문이 퍼지기도 했답니다.

봉기 사람들이 벌 떼처럼 모여 세차게 일어남.

蜂	起
벌, 붐비다 **봉**	일어나다, 일으키다 **기**

차별 둘 이상의 대상을 수준 등의 차이로 구별함.

差	別
다르다 **차**	나누다, 갈라지다 **별**

삼일천하 김옥균

조선 말기부터 우리나라에도 '개화'와 '개혁'의 물결이 일어나기 시작했어요.

'개화'란 다른 나라와 서로 통하면서 과거의 물건이나 전통이 새롭게 바뀌는 것이에요. 비슷한 말로 '개혁'은 신분제도나 과거제도 등 여러 가지 법과 제도를 뜯어 고치는 일을 말해요. 머리를 길게 길러 상투를 틀던 남자들이 머리를 짧게 자르거나 빵과 커피 등의 음식을 먹기 시작한 것도 바로 개화의 영향이지요.

그런데 당시 조선의 왕과 관리들은 개화와 개혁에 대한 생각이 서로 달랐어요. 개화와 개혁을 처음부터 반대하는 사람들도 있었지요.

김옥균은 당시 조선의 개화와 개혁을 적극적으로 주장한 젊은 관리였어요. 김옥균처럼 하루라도 빨리 모든 것을 개화해야 조선이 더 발전할 수 있다고 생각한 사람들을 '개화파'라고 해요.

김옥균을 비롯해 박영효, 서광범 등 개화파 사람들은 갑신년인 1884년, 일본 군대의 도움을 받아 조선의 정치를 움직일 수 있는 힘을 가지게 되었어요. 이 일을 '갑신년에 일어난 정치적 사건'이라는 뜻으로 갑신정변이라고 하지요.

일본이 갑신정변을 돕기로 한 이유는 김옥균을 비롯한 개화파가 왕 대신 조선의 정치적 힘을 차지할 경우 자신들이 조선을 간섭하고 이익을 얻기가 더 쉬울 거라고 판단했기 때문이에요.

갑신정변을 일으킨 개화파는 먼저 왕과 왕비의 정치적 힘을 빼앗았어요. 그리고 당시 개화파와 입장이 달랐던 조선 관리들을 대부분 몰아내고 개화파 사람들에게 그 자리를 맡게 한 후 앞으로 달라질 조선의 정치 개혁을 발표했어요.

하지만 김옥균과 개화파의 노력은 '삼일천하'로 끝나고 말았어요. 당시 왕비였던 민씨의 요청으로 청나라가 1500명의 군인들을 조선으로 보내 개화파를 공격했기 때문이에요. 그때가 갑신정변이 일어난 지 3일째가 되는 날이었어요. 청나라는 일본이 조선을 간섭해 이익을 얻는 것을 두고 볼 수 없어 민비의 요청을 들어준 것이었어요.

청나라 군대가 공격하자 일본 관리들과 일본 군인들은 도망치듯 자기 나라로 돌아가 버렸어요. 김옥균을 비롯한 개화파 사람들도 대부분 일본으로 몸을 피했고 조선에 남아 있던 개화파 사람들은 붙잡혀 죽고 말았지요.

비록 갑신정변은 3일 만에 실패로 끝났지만 신분제도나 과거제도 같은 옛날 제도를 없애고 조선을 개혁해야 한다는 주장은 더욱 커져 갔어요. 그리고 조선의 개혁을 자신들에게 이익이 되는 방향으로 이끌려는 다른 나라의 간섭도 그만큼 심해졌지요.

일본은 갑오년이었던 1894년, 청나라와의 전쟁에서 승리한 후 일본에게 유리하도록 조선의 개혁을 간섭했어요. 그리고 얼마 뒤에는 조선의 궁궐에 침입해 왕비 민씨를 죽이는 끔찍한 일까지 저질렀지요. 왕비 민씨가 일본의 간섭을 막으려고 러시아와 친한 관계를 유지하는 것이 못마땅하다는 이유였어요.

왕비가 죽은 후 일본의 공격과 간섭을 피해 고종은 세자와 함께 궁궐을 떠나 당시 조선에 머물던 러시아 관리가 생활하는 공사관으로 몸을 피했어요.

1년이 지난 1897년, 서양식 옷을 입고 머리 모양도 짧게 자르는 등 변화된 모습으로 다시 궁궐로 돌아온 고종은 이제부터 우리나라는 '조선'이 아닌 '대한제국'이 되었음을 알렸어요. 그리고 대한제국은 다른 나라의 간섭을 받지 않는 독립된 나라임을 당당히 주장했지요. 그때부터 고종은 '왕'이 아닌 '황제'로, 죽은 왕비는 황제의 부인인 '명성황후'로 불렸어요.

고종황제는 여러 가지 개혁을 실시하며 대한제국의 발전을 위해 많은 노력을 했어요. 하지만 대한제국은 안타깝게 일본의 침략을 막지 못하고 1910년, 13년 만에 역사 속으로 사라지고 말았답니다.

개화 정치를 비롯해 여러 가지 제도 등을 새롭게 가지게 됨.

開	化
열다, 열리다 **개**	되다, 바꾸다, 고쳐지다 **화**

갑신정변 갑신년(1884년)에 김옥균, 박영효 등 개화파가 일으킨 정치적 사건.

甲	申	政	變
갑옷 **갑**	거듭 **신**	나라를 다스리다 **정**	변하다, 바꾸다 **변**

삼일천하 3일 동안만 천하를 차지함. 권력을 차지했으나 금세 밀려남.

三	日	天	下
셋 **삼**	날 **일**	하늘 **천**	아래 **하**

안중근은 애국 이완용은 매국

안중근과 이완용은 일본이 우리나라를 강제로 점령하려고 했을 때 '애국'과 '매국'이라는 정반대의 길을 걸었던 사람이에요.

1905년, 일본은 우리나라가 일본의 허락 없이 다른 나라와 자유롭게 통할 수 없다는 약속을 강제로 맺었어요. 이 일을 '1905년, 즉 을사년에 이루어진 약속'이라는 뜻으로 '을사조약'이라고 해요.

일본의 정치인 '이토 히로부미'는 8명의 대한제국 신하들을 모아 놓고 일본 경찰들이 둘러싼 가운데 을사조약을 강요했어요. 그리고 5명의 신하들이 찬성 의견을 표시하면서 조약이 이루어지고 말았지요.

그런데 을사조약은 당시 조선에서 대한제국으로 이름을 바꾸고 황제가 된 고종의 허락 없이 일방적으로 맺어진 것이었어요. 따라서 이때 맺은 약속은 강제로 맺어진 것이라는 뜻을 가진 '을사늑약'이라고 부르는 것이 더 옳아요.

이렇게 을사늑약을 맺은 일본은 우리나라에 통감부라는 관청을 설치한 후 이토 히로부미에게 통감부 최고 자리를 주었어요. 그리고 대한제국 군대를 없애고 고종을 쫓아내는 등 본격적으로 우리나라를 차지하기 위한 일들을 하기 시작했어요.

당시 의병 부대를 이끌고 일본군에 맞서 싸움을 벌이기도 했던 안중근은 1909년, 이토 히로부미가 중국 하얼빈에 방문한다는 소식을 듣고 큰일을 계획했어요.

그는 하얼빈 기차역에 도착한 이토 히로부미를 향해 총을 겨누고 방아쇠를 당겼어요. 안중근이 쏜 총에 맞은 이토 히로부미는 결국 숨을 거두었고, 그 자리에서 붙잡힌 안중근은 몇 달 후 일본인들로만 이루어진 재판을 받고 사형에 처해졌지요.

안중근은 일본인들 앞에서 재판을 받을 때 '을사늑약을 강제로 맺은 죄, 우리나라 군대를 없앤 죄' 등 이토 히로부미가 저지른 죄를 15가지나 따지며 끝까지 당당함을 잃지 않았다고 해요.

반면 이완용은 당시 을사늑약에 찬성했던 5명의 대한제국 신하들 중 한 명이에요. 이완용은 을사늑약 이후 1910년, 일본이 우리나라의 권리를 완전히 빼앗는 조약에도 대한제국을 대표해 찬성했어요. 일본 정부는 이완용에게 당시 일본 귀족들과 같은 신분을 주었어요.

이렇게 이완용은 일본이 우리나라를 빼앗으려 할 때 반대하기는커녕 오히려 적극 협조했다는 이유로 지금까지도 나쁜 평가를 받고 있어요. 또한 〈한국을 빛낸 100명

의 위인들〉 가사에 나오는 사람들 중 '위인'과는 가장 거리가 먼 사람 역시 이완용이지요. 안중근의 애국정신을 더욱 빛내기 위해 이완용을 나란히 보여 준 것이겠죠?

만약 여러분이라면 일본에게 나라를 빼앗긴 시절 과연 어떤 삶을 선택하며 살았을지 상상해 보는 것도 재미있을 거예요.

 자기 나라를 사랑함.

愛	國
사랑, 사랑하다 애	나라 국

매국   자신의 개인적 이익을 위해 나라의 권리를 다른 나라에 팔아넘김.

賣	國
팔다, 배신하다 매	나라 국

늑약 억지로 맺은 나라 사이의 약속.

勒	約
억지로 하다, 굴레 **늑**	약속하다, 따르다 **약**

독립운동가 안중근의 원래 직업은 의사?

독립운동가 안중근은 보통 '안중근 의사'라고 불린다. 안중근 외에도 당시 일본 왕이 탄 마차에 폭탄을 던진 '이봉창'과 일본 군인들이 모인 행사장에 물통으로 위장한 폭탄을 던져 큰 피해를 준 독립운동가 '윤봉길'도 이름 뒤에 '의사'라는 말이 따른다.

이때 '의사'라는 말은 '병을 치료하는 직업을 가진 사람'을 가리키는 것이 아니라 '옳은 일을 위해 행동한 의로운 사람'이라는 뜻을 갖고 있다.

'의사'와 비슷한 말로 '열사'가 있는데 3·1 만세 운동 때 감옥에서 순국한 유관순을 가리켜 '유관순 열사'라고 부르기도 한다.

이렇게 우리나라의 독립을 위해 싸우다 희생된 사람들 중 총이나 폭탄 등 무기를 이용해 저항하다 목숨을 잃은 경우를 '의사'로, 맨몸으로 독립을 위해 끝까지 자신의 뜻을 굽히지 않고 싸운 경우를 '열사'로 구분한다.

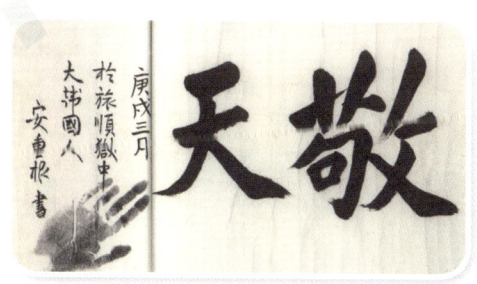
안중근 의사 유묵 〈경천〉

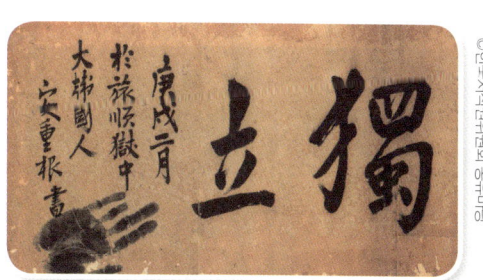
안중근 의사 유묵 〈독립〉

별 헤는 밤
윤동주

일본은 1910년, 우리나라의 주권을 강제로 빼앗았어요. 이때부터 독립을 이룬 1945년까지를 우리 역사에서 '일제강점기'라고 하지요. 윤동주는 일제강점기 때 지금은 중국에 속해 있는 만주 간도 지방에서 태어나 28세의 젊은 나이로 안타깝게 세상을 떠난 시인이에요. 〈별 헤는 밤〉은 윤동주가 남긴 여러 편의 시 중에서 대표적인 작품이라고 할 수 있지요.

윤동주는 일본에게 나라를 빼앗긴 현실을 안타깝게 여기고 자신의 삶에 대해 늘 반성하고 고민했어요. 비록 적극적인 독립운동을 하지는 않았지만 우리나라가 하루빨리 일본으로부터 독립하는 날을 간절히 바라는 내용을 담아 시를 쓰기도 했어요.

고향인 간도를 떠나 서울에 있는 연희전문학교를 졸업한 윤동주는 공부를 계속하기 위해 일본에 있는 대학교에 다시 입학했어요. 그러던 어느 날, 독립운동에 참여한 것이 의심된다는 이유로 일본에 머물며 공부하고 있던 우리나라 몇몇 학생들과 함께 일본 경찰에게 체포되었어요. 그리고 곧 일본 후쿠오카 감옥에 갇히고 말았지요.

감옥에 갇힌 지 2년이 조금 안 된 1945년 2월, 안타깝게 윤동주는 감옥 안에서 병으로 죽고 말았어요. 당시 일본이 감옥에 갇힌 사람들을 대상으로 여러 가지 실험을 했다는 사실이 밝혀지면서 윤동주도 감옥에서 강제로 실험용 주사를 맞고 병에 걸려 죽었을 것이라는 의심을 하고 있지요.

윤동주가 세상을 떠나고 불과 몇 개월이 지난 1945년 8월, 우리나라는 그가 그토록 바라던 독립을 이루었어요. 윤동주를 잊지 못한 가족과 친구들은 그동안 그가 남긴 시들을 모아 《하늘과 바람과 별과 시》라는 제목의 시집을 펴냈어요. 그리고 윤동주는 지금까지 많은 사람들의 마음속에 영원한 청년 시인으로 기억되고 있답니다.

주권 한 나라가 독립 국가로서 가지고 있는 힘과 자격.

主	權
주인, 자신 **주**	권력, 권리 **권**

독립 다른 것에 의존하지 않음. 한 나라가 다른 나라의 지배와 간섭에서 벗어남.

獨	立
혼자, 홀로 **독**	일어서다, 존재하다 **립**

일제강점기 일본 제국주의(힘으로 다른 나라를 침략하고 지배하려는 일본의 정치)가 우리나라의 주권을 강제로 빼앗은 기간.

日	帝	强	占	期
날, 해, 태양 **일**	임금 **제**	힘, 강하다 **강**	차지하다 **점**	기간 **기**

62 종두 지석영

조선 시대까지만 해도 우리나라 사람들은 '천연두'라는 병을 매우 두려워했어요. 천연두에 걸리면 높은 열이 나고 온몸에 붉은 상처가 생겨나는데 천연두는 전염성이 강해 한번 유행을 하면 많은 사람들이 죽기도 했지요. 그래서 사람들은 천연두를 귀신처럼 두려워하며 마치 왕을 높여 부르듯 '마마'라고도 했지요.

영국의 의사 '제너'는 소의 젖을 짜는 사람은 천연두에 걸리지 않는다는 사실을 알

고 소에서 뽑은 물질로 천연두를 미리 막는 약을 개발했어요. 이 약을 주사로 놓는 방법이 바로 '종두'예요.

하지만 전통 한의학이 더 발달한 우리나라는 아직 종두 기술이 없었어요.

어느 날, 지석영의 조카딸이 천연두에 걸려 죽는 일이 일어났어요. 지석영은 어려서부터 한의학을 공부했지만 한의학으로는 천연두를 예방할 수 없다는 것을 알고 있었어요. 그는 고민 끝에 부산에 머물고 있던 일본인 의사를 찾아가 종두법을 가르쳐 달라고 부탁했어요. 당시 일본은 서양의 의학 기술을 받아들여 이미 천연두를 예방하고 있었거든요.

일본인 의사는 지석영의 간절한 부탁에 종두법을 알려 주기로 했어요. 두 달 동안 열심히 종두법을 익힌 지석영은 아내의 고향 마을로 찾아가 그곳 아이들에게 우리나라 최초로 종두를 실시했어요. 결과는 성공이었지요.

그 후 지석영은 서울에 종두장이라는 곳을 마련해 본격적으로 종두를 실시하고 여러 사람들에게 종두법을 가르치기도 했어요. 지석영의 이런 노력으로 당시 우리나라의 많은 어린이들이 무서운 천연두로부터 소중한 생명과 흉터 없는 예쁜 얼굴을 지킬 수 있었답니다.

종두 천연두를 예방하는 약을 접종하는 것.

種	痘
씨, 종류 **종**	천연두 **두**

 우리나라 전통 의학.

韓	醫	學
한국, 나라이름 **한**	치료하다 **의**	학문, 배우다 **학**

삼십삼인
손병희

여러분은 3월 1일이 우리나라 역사에서 어떤 의미가 있는 날인지 알고 있나요? 바로 '3·1 만세 운동'이 시작된 날이에요. 3·1 만세 운동을 앞장서서 준비한 사람이 바로 손병희예요.

손병희는 녹두 장군으로도 불리던 전봉준과 함께 한때 동학 농민 운동을 이끌기도 했어요. 그 후 동학의 이름을 '천도교'로 바꾸고 천도교 지도자가 되어 교육과 문화 활동으로 나라의 힘을 기르기 위해 힘썼어요. 그러던 중 기독교, 불교 등 다른 종교의 지도자들과 만나 큰 규모의 독립운동을 계획하게 되었어요.

얼마 후 역사학자이자 시인이었던 최남선이 완성한 〈독립선언서〉에 손병희를 비롯한 33명의 민족 대표가 서명을 했어요. 그리고 1919년 3월 1일, 약속된 장소에 33명의 민족 대표 중 29명이 모인 가운데 큰 소리로 〈독립선언서〉 내용이 울려 퍼졌어요. 그리고 몇 분 후에는 서울 종로의 탑골 공원에 모여 있던 많은 학생들도 〈독립선언서〉를 함께 읽고 만세를 외치기 시작했어요. 이때부터 시작된 3·1 만세 운동은 몇 달 동안 전국 방방곡곡으로 이어졌고 다른 나라에 가서 살고 있는 우리나라 사람들도 그 나라에서 함께 큰 소리로 만세를 외쳤지요.

3·1 만세 운동이 일어난 후 곧바로 우리나라가 일본으로부터 독립을 하지는 못했어요. 하지만 어린 학생들부터 나이 많은 노인까지 거리로 나와 태극기를 흔들며

만세를 외치는 모습을 본 일본은 총과 칼로도 막지 못한 우리 민족의 숨겨진 힘을 깨닫고는 몹시 당황했어요.

3·1 만세 운동 이후 우리나라 사람들은 각자의 위치에서 더욱 열심히 독립운동을 벌여 나가기 시작했답니다.

만세 바람이나 축하 등을 나타내며 두 손을 높이 들면서 외치는 소리.

萬	歲
크다, 많다 **만**	세월, 해 **세**

독립선언서 독립을 주장하는 내용을 널리 알리는 글.

獨	立	宣	言	書
홀로 **독**	일어서다 **립**	베풀다, 널리 펴다 **선**	말하다 **언**	글 **서**

우리나라의 5대 국경일은 언제?

국경일(國慶日)은 '나라의 기쁜 날을 기념하기 위해 법으로 지정한 날'을 말한다. 우리나라는 현재 5대 국경일이 정해져 있다.

① 3월 1일 – 삼일절. '3·1 만세 운동'이 시작된 날을 기념하는 날.
② 7월 17일 – 제헌절. 우리나라 최초로 '헌법'이 만들어진 것을 기념하는 날.
③ 8월 15일 – 광복절. 우리나라가 일본에게 빼앗긴 나라를 되찾은 것을 기념하는 날.
④ 10월 3일 – 개천절. 우리 민족 최초의 나라인 '고조선'이 세워진 것을 기념하는 날.
⑤ 10월 9일 – 한글날. '한글'이 만들어진 것을 기념하는 날.

5월 5일 '어린이날'이나 6월 6일 '현충일' 등은 국경일에 속하지는 않지만 국민들이 함께 기억할 일을 정해 놓은 날로 '기념일'이라고 부른다.

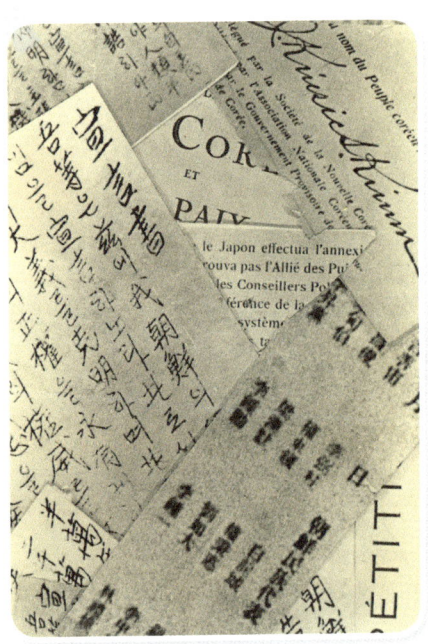

ⓒ한국저작권위원회 공유마당

3·1 만세 운동 당시 미주지역에 배포된
〈독립선언서〉 필사본과 각종 팜플릿

만세 만세
유관순

유관순은 우리나라 최초의 여학교인 '이화학당'에 다니며 공부를 하던 17세 때, 3·1 만세 운동에 참여하게 되었어요. 당시 우리나라의 많은 학생들이 만세 운동에 앞장서자 일본은 아예 학생들이 모이는 것을 막기 위해 학교 문을 닫는 휴교령을 내렸어요.

학교가 문을 닫자 유관순은 고향인 충청남도 천안으로 내려가 3·1 만세 운동 소식을 알리고 고향 사람들과 함께 만세 운동을 벌이기로 결심했어요. 고향으로 내려간 유관순은 사촌 언니와 함께 낮에는 이집 저집을 돌아다니며 사람들을 설득하고 밤에는 직접 태극기를 만들며 차근차근 만세 운동을 준비했어요.

드디어 천안 아우내 장터에 장이 열리는 4월 1일, 유관순은 사람들에게 태극기를 나누어 주며 외쳤어요.

"여러분, 지난 10년 동안 우리는 일본에게 강제로 나라를 빼앗기고 온갖 서러움을 겪어야 했습니다. 이제 우리가 앞장서 우리나라를 되찾아야 합니다. 대한 독립 만세! 대한 독립 만세!"

많은 사람들이 만세를 부르며 아우내 장터 거리를 메우자 일본 경찰과 군인들이 달려와 총과 칼로 사람들을 막기 시작했어요. 그때 함께 만세 운동을 하던 유관순의 아버지와 어머니는 일본 경찰이 휘두르는 총과 칼에 맞아 그만 숨을 거두고 말았지요. 부모님의 죽음을 목격한 유관순은 슬퍼할 겨를도 없이 붙잡혀 충청남도 공주에 있는 감옥으로 보내졌어요. 하지만 유관순은 감옥에서도 당당함을 잃지 않았어요.

"너희들이 남의 나라를 강제로 빼앗고 죄 없는 우리나라 사람들을 함부로 죽였으니 죄를 지은 사람은 내가 아니라 일본인 바로 너희들이다. 너희가 나를 재판한다는 것은 말이 안 된다!"

유관순은 서울에 있는 서대문 감옥으로 옮겨진 후 추위와 굶주림은 물론 매를 맞는 등 끔찍한 고통을 당하면서도 아침, 저녁으로 감옥 안에서 독립 만세를 외쳤어요. 감옥에 갇힌 지 1년 후, 유관순은 18세라는 꽃다운 나이에 결국 감옥에서 얻은 병이 심해져 순국하고 말았어요.

유관순처럼 나라를 위해 목숨을 바치는 것을 '순국'이라고 해요. 요즘 소방관이나 경찰관이 국민을 위해 일을 하다가 목숨을 잃게 되는 경우도 '순국'이라고 한답니다.

옛날부터 지금까지 이렇게 여러 사람들의 희생이 있었기에 지금 우리가 행복한 삶을 누릴 수 있다는 것을 잊지 말아야겠지요?

휴교령 학교의 모든 기능을 정지시키는 명령.

休	校	令
쉬다, 그만두다 **휴**	학교 **교**	명령 **령**

순국 나라를 위해 목숨을 바침.

殉	國
목숨을 바치다 **순**	나라 **국**

도산 안창호

일본이 우리나라를 강제로 점령했을 때 안중근이나 유관순처럼 우리나라의 독립을 위해서 활동했던 사람들을 '독립운동가'라고 해요.

안창호는 우리나라의 대표적인 독립운동가 중 한 사람이지요. 도산은 '섬(島)'과 '산(山)'을 뜻하는 한자로 안창호의 호예요. 그래서 안창호를 가리켜 원래 이름 대신 '도산 선생'이라고 부르기도 해요.

안창호는 독립을 위해서는 무엇보다 교육이 중요하다는 것을 깨달았어요. 그래서 직접 '점진학교'와 '대성학교'를 세우고 교육을 통해 민족의 힘을 기르기 위해 노력했어요.

안창호는 힘 있는 연설로 많은 사람들에게 큰 교훈과 감동을 준 것으로도 유명해요.

"죽더라도 거짓이 없으라, 농담으로라도 거짓말을 하지 말라."

"진리는 반드시 따르는 자가 있고, 정의는 반드시 이루는 날이 있다."

"서로 사랑하면 살고, 서로 싸우면 죽는다."

글과 연설을 통해 남겨진 그의 명언은 지금도 많은 사람들에게 깨달음을 주고 있어요.

안창호는 독립운동가 윤봉길이 중국 상하이에서 일본 군인들에게 폭탄을 던진 일과 관련되었다는 이유로 붙잡혀 감옥 생활을 하기도 했어요. 그는 감옥에서 나온 후

건강이 좋지 않은 상황에서도 우리나라의 독립을 위해 기차를 타고 전국을 돌며 연설을 이어 갔어요.

안창호처럼 훌륭한 독립운동가의 노력과 그 외 알려지지 않은 많은 사람들의 희생으로 우리나라는 1945년 8월 15일, 그토록 바라던 광복을 맞이했답니다.

 사리에 맞는 훌륭한 말. 널리 알려진 말.

名	言
이름이 나다, 훌륭하다 명	말, 글 언

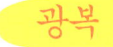 빼앗긴 나라의 권리를 다시 찾음.

光	復
빛 광	돌아오다, 되돌리다 복

어린이날
방정환

　여러분은 '5월 5일'이 무슨 날인지 잘 알고 있지요? 바로 여러분이 주인공인 '어린이날'이에요. '어린이'라는 말을 알리고 '어린이날'을 처음 만든 사람이 바로 방정환이에요.

　방정환은 어린이들의 몸과 마음이 건강하고 행복해야 우리나라의 미래도 밝다고 생각했어요. 그리고 일본에게 빼앗긴 나라를 되찾을 수 있는 힘도 생길 거라고 믿었어요.

　예로부터 우리나라는 웃어른에게 지켜야 할 예절을 중요하게 생각해 왔어요. 반대로 어른들은 어린 아이들을 '애놈', '애들'이라고 부르며 무시하는 경우가 많았지요. 하지만 방정환은 나이가 어린 아이들도 존중받아야 한다고 생각했어요. 고민 끝에 '어린이'라는 말을 생각해 내고 사람들에게 알리기 시작했어요.

　그뿐만이 아니에요. 그는 일본의 간섭을 받고 있는 어려운 상황 속에서 우리나라 최초로 어린이를 위한 잡지 《어린이》를 만들기도 하고 직접 여러 편의 동화를 써서 발표하기도 했지요. 그리고 여러 곳에서 구연동화를 직접 들려주기도 했어요. 그런데 얼마나 실감나게 이야기를 들려주었는지 방정환이 슬픈 장면을 이야기할 때면 그곳을 감시하던 일본 경찰들까지 참지 못하고 눈물을 흘리곤 했대요.

　방정환은 잡지 《어린이》를 통해 동요 부르기 운동을 펼치기도 했어요. 당시 우리나라 어린이들이 부를 수 있는 노래는 학교에서 배우는 일본어 노래나 주로 어른들이 부르는 민요밖에 없었어요.

방정환은 우리나라 어린이들이 즐겁게 따라 부를 수 있는 새로운 동요를 뽑는다는 광고를 냈어요. 그리고 뽑힌 동요들을 잡지 《어린이》에 실었어요. 여러분도 잘 알고 있는 '까치 까치 설날은~'으로 시작하는 동요 〈설날〉과 엄마들이 어렸을 때 자주 불렀던 '나의 살던 고향은~'으로 시작하는 〈고향의 봄〉이라는 노래도 바로 이때 발표된 동요들이지요.

우리나라 어린이들에게 마치 산타클로스와도 같았던 방정환은 1931년, "어린이를 두고 가니 잘 부탁한다."는 말을 남기고 33세 때 안타깝게 병으로 세상을 떠났답니다.

방정환의 바람대로 여러분이 건강하고 행복해야 우리나라의 미래도 밝고 건강하다는 걸 잊지 마세요.

구연동화 목소리로 실감나게 들려주는 어린이를 위한 이야기.

口	演	童	話
입으로, 입 구	연기하다, 펼치다 연	아이 동	이야기, 말씀 화

동요 어린이들의 마음을 담은 노래.

童	謠
아이 동	노래, 노래하다 요

이수일과 심순애

　이수일과 심순애는 〈한국을 빛낸 100명의 위인들〉 노랫말에 나오는 다른 사람들처럼 실제로 우리나라에서 태어나고 살았던 사람이 아니에요. 사실 이수일과 심순애는 역사 속 위인과는 거리가 먼 이야기책 속의 주인공들일 뿐이지요.

　지금으로부터 100년 전쯤, 작가였던 조중환은 〈장한몽〉이라는 이야기를 신문에 발표했어요. 원래 일본 작가가 지은 이야기를 조중환이 우리말로 새롭게 바꾼 것이지요. 〈장한몽〉은 사람들 사이에서 재미있는 이야기로 소문이 나기 시작했어요. 신문에 발표가 끝난 후에는 연극으로 공연될 정도로 인기가 대단했대요.

　〈장한몽〉의 줄거리를 한마디로 요약하면 '한 남자와 한 여자의 진실한 사랑 이야기'라고 할 수 있어요. 주인공 이수일과 심순애는 서로 결혼을 약속할 정도로 사랑하는 사이였어요. 그런데 심순애가 이수일과의 약속을 깨고 돈이 많은 다른 남자와 결혼을 하면서 두 사람은 헤어지고 말았어요. 하지만 아무리 가진 돈이 많아도 심순애는 행복을 느끼지 못했어요. 결국 심순애는 자신의 잘못된 선택을 후회하며 돈보다는 진실한 사랑이 더 중요한 가치가 있다는 것을 깨닫게 되지요.

　〈장한몽〉이 처음 신문을 통해 세상에 발표된 후 이수일과 심순애의 사랑 이야기는 책과 노래, 영화 등 다양한 종류로 바뀌어 꾸준히 전해지기도 했답니다.

　그런데 여러분도 혹시 선택을 잘못해 나중에 크게 후회해 본 경험이 있나요?

작가 시나 소설, 사진, 그림 등 예술 작품을 창작하는 사람.

作	家
짓다, 만들다 **작**	집, 전문가 **가**

선택 여러 개 가운데 필요한 것을 골라 뽑다.

選	擇
가리다 **선**	고르다 **택**

장군의 아들 김두한

김두한은 일제강점기 때 태어나 어린 시절을 보내고 광복 후에는 대한민국 국회의원으로 정치 활동을 했던 사람이에요. 그런데 김두한의 이름 앞에는 '장군의 아들'이라는 말이 항상 붙어 다녀요. 김두한을 주인공으로 한 〈장군의 아들〉이라는 영화가 여러 편 나왔을 정도예요.

실제로 김두한의 아버지는 유명한 독립운동가 '김좌진 장군'이에요. 김좌진 장군이 직접 독립군을 이끌고 일본군에 맞섰던 '청산리 전투'는 우리나라가 독립을 위해 벌인 싸움 중 가장 위대한 승리로 기록되기도 하지요. 김좌진 장군은 김두한이 어렸을 때 세상을 떠났어요. 그 후 어머니마저 돌아가시자 김두한은 힘든 어린 시절을 보내야 했어요.

김두한은 젊었을 때부터 힘이 세고 주먹도 매우 강했다고 해요. 그래서 우리나라 사람들을 괴롭히는 일본인을 보면 주먹 싸움을 벌여 크게 혼내 주곤 했다는 이야기도 있지요.

하지만 이러한 김두한의 영웅적인 행동은 영화나 드라마로 알려진 경우가 대부분이에요. 영화나 드라마는 역사 속에서 실제 존재했던 사람이 주인공으로 나온다고 해도 재미와 감동을 위해 역사적 사실이 아닌 허구적인 장면들을 많이 넣지요. 그래서 김두한을 진정한 위인으로 볼 수 있는지에 대한 의견도 사람들마다 조금씩 다르답니다.

앞으로 여러분도 역사 속 인물이 등장하는 영화나 드라마를 볼 때는 사실과 허구를 구별할 수 있는 판단력을 길러 보는 게 어떨까요?

영웅 지혜와 용기로 보통 사람이 하기 어려운 일을 해내는 사람.

英	雄
뛰어나다 **영**	수컷 두목 **웅**

허구 사실이 아닌 일을 상상으로 꾸밈.

虛	構
비어 있다 **허**	생각을 짜다 **구**

날자꾸나 이상

　이상은 일제강점기 때 활동한 시인이자 소설가예요. 그런데 이름이 '이상'이라니 참 이상하지요? 이상의 원래 이름은 김해경이에요. 하지만 시나 소설을 발표하면서 '이상'이라는 이름을 사용하기 시작했대요. 그래서 지금은 김해경이라는 이름보다 '이상'으로 더 잘 알려져 있지요.

　그는 이름만큼이나 평범하지 않은 작가였어요. 시를 쓸 때 일부러 띄어쓰기를 무시하고 모든 단어를 붙여 적기도 하고 같은 문장을 숫자만 바꾼 채 계속 반복한 것도 있어요.

　한번은 이상이 쓴 〈오감도〉라는 시가 신문에 실린 적이 있었어요. 그런데 그 시를 본 사람들이 "이게 무슨 시냐? 정신 나간 사람의 잠꼬대 같다."라며 신문사에 강력하게 항의를 하는 바람에 더 이상 신문에 이상의 시를 싣지 못하기도 했지요. 그때는 이상의 시와 소설을 '이상한 사람의 잠꼬대' 정도로 얕잡아 봤지만 지금은 그를 가리켜 '천재적인 작가'라고 높게 평가하기도 해요.

　이상은 자신의 문학적 재능을 활짝 꽃피우기도 전에 오랫동안 앓아왔던 폐결핵이라는 병으로 1937년 세상을 떠나고 말았어요. 스물일곱의 젊은 나이였지요.

　이상이 남긴 대표적인 소설 《날개》의 마지막 부분에 주인공이 이렇게 외치는 장면이 나와요.

"날개야 다시 돋아라. 날자, 날자, 날자, 한 번만 더 날자꾸나. 한 번만 더 날아 보자꾸나."

날개를 달고 날기를 원했던 주인공의 바람은 혹시 자유롭게 세상을 살고 싶었던 이상 자신의 간절한 소망이 아니었을까요?

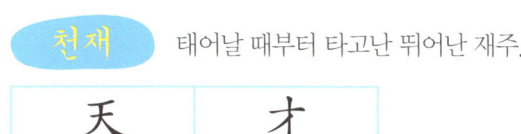

天	才
하늘 천	재주, 재능 재

천재: 태어날 때부터 타고난 뛰어난 재주.

황소 그림
중섭

　이중섭은 일제강점기와 6·25 전쟁이라는 우리나라의 아픈 역사를 겪으면서도 끝까지 그림에 대한 열정을 버리지 않았던 천재 화가예요. 특히 그가 그린 '소' 그림은 미술 교과서에 빠지지 않고 소개될 만큼 유명하지요.

　어려서부터 그림에 뛰어난 재주를 보였던 이중섭은 20세 무렵부터 일본에서 대학을 다니며 열심히 그림 공부를 했어요. 그림 공부를 마치고 고향인 함경남도 원산으로 돌아온 그는 여러 미술 대회에 나가기 위해 그림 그리기에만 집중했어요. 그러던 중 일본에서 사랑하는 사이였던 마사코를 다시 만나 결혼을 하고 두 아들을 낳으며 행복한 가정도 꾸리게 되었어요.

　하지만 1950년 6·25 전쟁이 일어나자 이중섭은 가족과 함께 부산, 제주도 등 여기저기를 떠돌며 피란 생활을 해야 했어요. 가난하고 힘든 피란 생활의 고통을 이기지 못한 이중섭의 부인은 두 아들을 데리고 자신의 고향인 일본으로 돌아갔어요. 가족과 헤어진 이중섭에게 남은 것은 그림뿐이었지요. 이때 그린 여러 편의 '소' 그림은 이중섭의 대표작이 되었어요.

　때로는 보고 싶은 자식들의 모습을 그림으로 그리며 외로움을 달랬어요. 가난한 형편에 마땅히 미술 도구를 사지 못할 때는 담배 상자 안쪽에 들어 있는 은박지를 못이나 연필로 긁어 그림을 그리기도 했지요.

전쟁은 끝났지만 이중섭의 어려운 생활은 별로 나아지지 않았어요. 1956년, 그는 그토록 보고 싶었던 가족을 만나지 못한 채 병에 걸려 40세의 나이로 병원에서 쓸쓸하게 세상을 떠나고 말았지요. 하지만 그가 남긴 그림들은 세월이 흐른 지금까지도 많은 이야기와 감동을 전해 주고 있답니다.

피란 전쟁과 같은 난리를 피해서 감.

避	亂
피하다 피	전쟁 난리 란

이중섭의 대표작

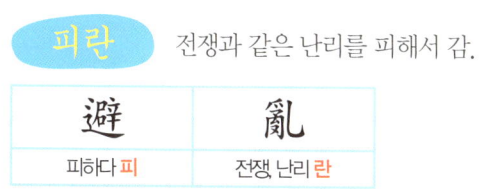

〈황소〉

〈도원〉

〈흰소〉

©이중섭, 한국저작권위원회 공유마당